कैफ़ी आज़मी

कैफ़ी आज़मी का जन्म आज़मगढ़, उत्तर प्रदेश के गाँव मजवाँ में एक शिया ज़मींदार परिवार में हुआ था। तारीख़ या साल ख़ुद कैफ़ी साहब को याद नहीं था कोई और कैसे बताए! फिर भी, उनकी अपनी तहरीर के बल पर क़यास किया जा सकता है कि वे 1920 के साल-दो साल उधर या इधर पैदा हुए होंगे।

उनकी शिक्षा इलाहाबाद और लखनऊ में हुई। सुल्तानुल-मदारिस, लखनऊ में उन्हें मौलवी बनाने के लिए भरती कराया गया था, लेकिन वे कुछ और ही बन गए। अफ़सानानिगार आयशा सिद्दीक़ी के शब्दों में, 'कैफ़ी साहब को वहाँ इसलिए दाख़िल किया गया था कि फ़ातिहा पढ़ना सीखेंगे मगर वहाँ कैफ़ी साहब मज़हब पर फ़ातिहा पढ़कर निकल आए।'

11 साल की उम्र में अपनी पहली ग़ज़ल कही और एक मुशायरे में पढ़ी। उसके बाद से उनका शे'री सफ़र लगातार जारी रहा।

उनकी प्रमुख कृतियाँ हैं—'झंकार' (1943), 'आख़िर-शब' (1947), 'आवारा सज्दे' (1973), 'मेरी आवाज़ सुनो' (1974), 'सरमाया' (1992) आदि।

उन्हें 'साहित्य अकादेमी पुरस्कार', उत्तर प्रदेश उर्दू अकादमी सम्मान', 'सोवियत लैंड नेहरू पुरस्कार', अफ्रो-एशियाई लेखक संघ के 'लोटस पुरस्कार', 'ग़ालिब पुरस्कार' और हिन्दी अकादमी, दिल्ली के 'शताब्दी सम्मान' और कई अन्य सम्मानों से सम्मानित किया गया।

निधन : 10 मई, 2002

आवारा सज्दे

रूपान्तर

डॉ. ज़ेया फ़ातिमा ज़ैदी

लोकभारती पेपरबैक्स

लोकभारती पेपरबैक्स में
पहला पेपरबैक संस्करण : 2008
सातवाँ संस्करण : 2026

लोकभारती पेपरबैक्स : उत्कृष्ट साहित्य के लोकप्रिय संस्करण

लोकभारती प्रकाशन
पहली मंजिल, दरबारी बिल्डिंग, महात्मा गांधी मार्ग,
प्रयागराज-211 001
द्वारा प्रकाशित

वेबसाइट : www.lokbhartiprakashan.com
ईमेल : info@lokbhartiprakashan.com

शाखाएँ : 1-बी, नेताजी सुभाष मार्ग, दरियागंज, नई दिल्ली-110 002
अशोक राजपथ, साइंस कॉलेज के सामने, पटना-800 006

बी.के. ऑफसेट
नवीन शाहदरा, दिल्ली-110 032
द्वारा मुद्रित

मूल्य : ₹ 350

AWARA SAJDE
Poetry by Kaifi Aazmi
Translated by Dr. Zeya Fatima Zaidi

ISBN : 978-81-8031-287-8

श्री शैलेन्द्र सागर

उनके ओहदे को नहीं
उनके अन्दर छुपे हुए
कलाकार को

—कैफ़ी

क्रम

कैफ़ी आज़मी का कवि-व्यक्तित्व

कैफ़ी को लोग बहुत अच्छी तरह जानते हैं। दिल को मसोसनेवाले उसके फ़िल्मी-गीत देश और विदेश के प्रेमी दिलों में बसे हुए हैं। विश्वास और आदर्श के परचम उठाये हुए, सौन्दर्य की मोहिनी और आकर्षक जादू जगाये हुए, ये प्रेम रस के छलकते गीत श्रेष्ठ और मार्मिक कविता भी हैं। मुझे लगता है, इन गीतों की करुणा और मिठास उसकी कविता की भी ख़ास पूँजी है। मगर इसके अलावा भी उसमें कुछ है। ...वह क्या है?

यौवन की सारी कसमसाहटों और सरगर्मियों की बेचैनी, उभार और समर्पण की ये कविताएँ—करुण या मधुर या ओजस्वी—कभी ख़ून में तड़पती बिजलियाँ हैं, तो कभी प्रेम की महकती लपटें, कभी सौन्दर्य के दहकते शोले।...मगर शीघ्र ही, अपने तमाम भावुक सिलसिलों को लिये हुए, ये कविताएँ ठोस धरती पर, काँटों के पथ पर उतर आती हैं*, और नया ही अर्थ झलकाने लगती हैं। तब ये वीर युवा हृदयों का जौहर बन जाती है; और जुझारू दुनिया के सामाजिक संघर्षों में उनकी निश्चित विजय का प्रतीक। एक नयी शानदार दुनिया का निशान ऊँचा करती हुई।

जब यही प्रेम और सौन्दर्य की गहरी भावनाएँ नये समाज-निर्माण के लिए आत्म-बलिदान की भावना से ओत-प्रोत होने लगती हैं, तो उनकी यह हठीली दुनिया ही महान्-से-महान् योजनाओं के औचित्य का आधार बनती है। वही पावन ऊर्जा है, जो कैफ़ी की काव्यानुभूतियों की जान है।

जब भी चूम लेता हूँ उन हसीन आँखों को,
सौ चिराग़ अँधेरे में झिलमिलाने लगते हैं।

और—

लम्हे भर को यह दुनिया ज़ुल्म छोड़ देती है।
लम्हे भर को सब पत्थर मुस्कराने लगते हैं।

ऐसा—कुछ न हो, तो सारी भावुकता का क्या अर्थ है? या कवि की भरपूर कला का?

---

* ज़िन्दगी चलती रही काँटों पर अंगारों पर।
तब मिली इतनी हसीं इतनी सुबुक चाल तूझे।

मसलन् यह कविता जिसका शीर्षक 'बोसा' है, कैसे माहौल में अचानक लिखी गयी—इसकी कथा भी, मेरा ख़याल है, दिलचस्प लगेगी; और आगे की बहस के लिए शायद प्रासंगिक भी। सन् 1945-46 की बात है। कैफ़ी टेक्सटाइल्स वर्कर्स यूनियन के मज़दूरों की एक स्ट्राइक के दौरान, मिल-. फाटक पर हैं;—कि अचानक एक कविता ज़ेहन में उभरती है, और लिख ली जाती है। (स्ट्राइक का कारण था मिल-मालिकों का यह आदेश, कि मज़दूरों को चार साँचे चलाने ही पड़ेंगे; जिसका परिणाम यह होता था कि आधे मज़दूर छँटनी करके निकाल दिये जायें। स्ट्राइक इसी के विरोध में थी।) मगर मिल-मालिक उसे ग़ैरक़ानूनी घोषित कराने में सफल हो गये और स्ट्राइक फ़ेल हो गयी। बहरहाल, पार्टी के साथियों ने जब यह रोमानी नज़्म देखी तो बरस पड़े। असफलता का सारा दोष उस पर और उसकी कविता पर मढ़ दिया। उधर मज़दूरों की प्रतिक्रिया क्या थी? कुछ दिनों बाद उन्होंने भी वह नज़्म सुनी, और इस आदर्शवादी रोमानी रचना को सीने से लगाया। प्रेम-व्यंजना के व्यापक सामाजिक सन्दर्भ को सहज-स्वभाव ही उन्होंने महसूस कर लिया। निश्चय ही वे कविता और घोषणा-पत्र का अन्तर जानते थे। अपने अवचेतन में कहीं यह भी जानते थे कि दोनों में कोई आवश्यक विरोध नहीं। और कवि को तो वे अच्छी तरह पहचानते थे। उस पहचान में कोई फ़र्क़ नहीं आया है, बल्कि समय के साथ वह और गहरी ही हुई है।

पाँचवें-छठे दशकों में प्रेम और प्रगतिवाद की बहस को वामपक्षी आलोचक बड़ी बारीक़ ख़ुर्दबीन से देखते थे। मगर कैफ़ी ने इस समकालीन उलझन को अपने संघर्ष में किस तरह हल किया?...जिस तरह किया—वह सीधी मार्क्सवाद 'तरह' थी।

इस सदी के उत्तरार्द्ध में हर गम्भीर कलाकार को इस मंज़िल से गुज़रना पड़ा है। और अन्त में इसी निष्कर्ष पर आने को मजबूर हुआ है कि, इतिहास के द्वन्द्वात्मक-भौतिकवादी विश्लेषण की रोशनी में, स्वस्थ परम्पराओं—यानी सार्थक आदर्श मूल्यों—से अपने आपको रचनात्मक ढंग से जोड़ने के सिवाय उसके आगे और कोई रास्ता नहीं। कैफ़ी ने उस दौर का अपना अनुभव मुझे इन शब्दों में बताया : मैं अकसर रोमानी नज़्में लिखता था। जब मैं कम्युनिस्ट पार्टी के कारकुन की हैसियत से मज़दूरों में काम करने लगा, तो मैंने महसूस किया कि उनके बीच में रहकर शायरान तक़ल्लुफ़ की ज़बान नहीं चलेगी। मेरे नग़मों को सहज और स्वाभाविक होना होगा। यानी ज़बान को उनके दिलों के और नज़दीक लाना होगा। मज़दूरों से मेरा बराहरास्त राबता था . एकदम डायरेक्ट। 'झनकार' की बहुत सी नज़्में कानपुर और लखनऊ के मज़दूरों के बीच रहकर लिखी गयीं। मुझे इसका

एहसास होने लगा कि मेरे जज़्बात कहाँ उनके इन्क़लाबी हितों का साथ देते हैं और कहाँ वो उनके ख़िलाफ़ पड़ सकते हैं। फिर, '44-45 में जब मैं बम्बई आया, तो मैंने मदनपुरा के कामगारों में काम करना शुरू कर दिया। शू-वर्कर्स की यूनियन बनायी। वगैरह...। और जब फ़िल्म में लिखना शुरू किया तो पार्टी की एक्टिविटी और बढ़ा दी। बीड़ी मज़दूरों की यूनियन बनायी। किरायेदारों का एसोसिएशन क़ायम किया। बल्कि फ़िल्मी दुनिया से मुझे अपने यूनियन के कामों को बढ़ाने में ख़ासी मदद मिली। फ़िल्मी दुनिया में जाकर मैं आम आदमी के संघर्ष को भूल नहीं गया। वहाँ भी बहुतों को अपने साथ लाया...।

मैंने पूछा कि—यूनियन के कामों में क्या और भी शायर आपके साथ हैं? बोले—'नहीं, दूसरे शुअरा में से मेरे साथ कोई नहीं है।'

मैं काफ़ी संकोचशील व्यक्ति हूँ। मगर इस मर्तबा कैफ़ी से कुछ बातें हुईं तो बम्बई के पार्टी कम्यून का वह ज़माना आँखों के सामने फिर गया जब सन् '45-46 और, '47 में मैं भी वहाँ था। उस समय पार्टी के मुख्यमन्त्री पूर्णचन्द्र जोशी थे, हमारे लिये 'पी.सी. जोशी' या 'पी. सी.' : साहित्यकारों-कलाकारों के साथी, मित्र और गुरु। उनमें सृजन प्रक्रियाओं की सही पकड़ और अपनी हार्दिक सहानुभूति से रचनाकारों में—मार्क्सवादी परिकल्पना के साथ-साथ—अकूत आत्मविश्वास और नयी स्फूर्ति जगा देने की अद्‌भुत प्रतिभा थी। कम्यून में सबको अलस्सुबह उठना पड़ता था। मगर 'पी. सी.' को ताक़ीद थी कि कैफ़ी को सुबह-सुबह कोई न जगाये। पी.सी. कैफ़ी के अटूट सृजनात्मक श्रम और आवेश की थकान को समझते थे।

वह ज़माना था आज़ादी की जंग का, और कांग्रेस और लीग के द्वन्द्व और संघर्ष का। सभी पार्टियों के लीडर अपना-अपना रंग और जोशो-ख़रोश और पैंतरे दिखा रहे थे। कैफ़ी ने इन नेताओं पर एक नज़्म लिखी थी, जिसमें उसने उनके भाषणों से नाटकीय और रोचक टुकड़े लेकर उन्हें एक अजब व्यंजनात्मक शिल्प के साथ छन्दोबद्ध कर दिया था। यह कैफ़ी का अपना एक स्वतन्त्र एक्सपेरिमेण्ट था। जोशी को जब उस नज़्म का पता चला और उसे देखा तो उन्होंने अपना लिखा-लिखाया सम्पादकीय फाड़ डाला और उसके स्थान पर वही नज़्म पार्टी-साप्ताहिक में कम्पोज़ होने के लिए भेज दी। (अंग्रेजी संस्करण के लिए उसका अनुवाद स्व. सैय्यद सज्जाद ज़हीर ने किया था।)

विभिन्न मनोवैज्ञानिक स्थितियों को उनके पूरे नाटकीय माहौल और वातावरण के साथ—गम्भीर विश्लेषण या व्यंग्य-विद्रूप के आवरण में—हू-ब-हू साकार सजीव रूप में पेश कर सकने की सहज क्षमता का यह एक उदाहरण मात्र है।

गद्य-पद्य दोनों में सुविख्यात शैलियों का, वो चाहे पुरानी हो या नयी, चर्बा उतारना कैफ़ी के लिए कभी कोई बड़ी बात नहीं रही है।

मैंने उनसे पूछा—उर्दू कविता की परम्परा में आपने सबसे अधिक किस कवि से असर लिया?

—ग़ालिब से।

—मगर ग़ालिब तो बहुत कम्प्लैक्स (जटिल मनःस्थितियों और अनुभूतियों का) कवि है और आपका रंग इतना सलीस और शैली इतनी साफ़...।

—ग़ालिब से जो बात मैंने सीखी वह यह कि जो बात कहो उसको लोगों का तजरुबा बना दो। मैंने यह किया कि जो चीज़ मैंने महसूस नहीं की, वह छोड़ दी। कहीं वही चीज़ जो मैंने शिद्दत से महसूस की। मेरे—हाँ यह ग़ालिब ही की देन है।...और ज़बान और उसलूब पर (यानी अभिव्यक्ति की शैली पर) सबसे ज़्यादा असर मीर अनीस का है। भाषा में नैचुरल अन्दाज़ (स्वाभाविकता), सादगी और बहाव—रवानी और तसल्सुल (सुसम्बद्धता) को मैं बहुत अहमियत देता हूँ।...पूरे तजरुबे को (अनुभूति को) अपने पूरे माहौल और मोड़ों के साथ-साथ देना चाहता रहा हूँ।... इसीलिए ग़ज़ल के तंग दायरे ने मुझे अपनी तरफ़ नहीं खींचा। यह फ़ार्म (विधा) मुरत्तब फ़िक्र (सुसम्बद्ध चिन्तन) के इज़हार के लिए मुनासिब नहीं है।...कैफ़ी ने बताया कि—भावना के साथ (मार्क्सवादी) चिन्तन के पहलुओं को स्पष्ट और ज़ोरदार ढंग से व्यक्त करने के लिए, ग़ज़ल से हटकर, 'नज़्म' के मैदान में ज़्यादा खुली गुंजाइश थी।

इसी दृष्टिकोण का नतीजा है जो कैफ़ी के यहाँ सीधा यथार्थ ख़ुद-ब-ख़ुद बोल उठता है। रहैटरिक से इस शायर को नफ़रत है। आलंकारिता की परछाईं भी यहाँ न मिलेगी। उसके छन्द को घोषणाओं की-सी आन-बान की ज़रूरत नहीं। वह अपने धीमे और नर्म लहजे से ही गहरा और अधिक गहरा, असर डालने में कामयाब होता है। वुलन्द आहंग और घन-गरज का उसने सिर्फ़ इन्क़लाबी ज़ेहाद और जंग सम्बन्धी नज़्मों में ही प्रयोग किया है, और ख़ूब किया है। मगर उस तेवर की नज़्मों में भी भावना और अनुभूति की सच्चाई अन्तिम पद तक महसूस की जा सकती है। कैफ़ी के साज़ में सभी स्वर हैं। जिस मौके पर जो भी उभरता है, सच्चा स्वर होता है।

तमाम कला राजनीति है। यह एक अति परिचित और यथार्थ उक्ति है। जिस कला में राजनीति नहीं है, वह कला नहीं।* कोरी 'राजनीति' नहीं। वह राजनीति

---

* विज्ञ पाठक जानते हैं कि बर्नार्ड शॉ, बल्कि इब्सन से लेकर ब्रेश्ट और आधुनिक इटली के अनेक फ़िल्म निर्देशक तक यही बात दुहराते आये हैं।

जिसमें आम आदमी की आशाएँ-आकांक्षाएँ सुलगती हैं। हर सच्चा कलाकार—देखा जाय, तो हर युग में—उसी अग्नि का ताप झेलता है। वही उसका 'सोज़े-निहाँ' है—

इक यही सोज़े-निहाँ कुल मेरा सरमाया है!

कैफ़ी कहता है।

यह आत्मा में छुपा हुआ ताप, यह सोज़े-निहाँ, क्या है, कौन-सा है? यह ताप है...मनुष्य के सुन्दर भविष्य में उसकी आस्था का, जिसके लिए अनेक देशों की जनवादी पार्टियाँ (दूसरे विश्वयुद्ध के पहले से, और उसके बाद और भी) संघर्ष कर रही हैं।

इस संघर्ष को धक्का लगता है, जब बड़ी जनवादी पार्टियों में बिखराव और विद्वेष पैदा होता है और नेताओं की दृष्टि धुँधली पड़ने लगती है। इस ट्रैजेडी को देखकर,जब देश के बेहतरीन दिमाग़ कुन्द पड़ जाते और उस धुन्ध में खो जाते हैं, कवि को मर्मान्तक पीड़ा होती है। सन् '64 में क्षुब्ध होकर वह कह उठता है—

इक यही सोज़े-निहाँ कुल मेरा सरमाया है।
दोस्तो! मैं किसे ये सोज़े-निहाँ नज्र करूँ?
...किसको दिल नज्र करूँ और किसे जाँ नज करूँ।
...अपनी लाश आप इउठाना कोई आसान नहीं।
दस्तो-बाज़ू मेरे नाकारा हुए जाते हैं।
जिनसे हर दौर में चमकी है तुम्हारी देहलीज़।
आज सिन्दे वही आवारा हुए जाते हैं।
राह में टूट गये पाँव तो मालूम हुआ
जुज़ मेरे और मेरा रहनुमा कोई नहीं।
एक के बाद ख़ुदा एक चला आता था :
कह दिया अक़्ल ने तंग आके—ख़ुदा कोई नहीं।

और उसे लेनिन की याद आती है। वह पुकारता है—

देखते हो कि नहीं!
...रूहें आवारा हैं! दे दो उन्हें पैकर अपना!
भर दो हर पारा-ए-फ़ौलाद में जौहर अपना।

—रहनुमा फिरते हैं या फिरती हैं बेसर लाशें।।
रख दो हर अकड़ी हुई लाश पे तुम सर अपना।

उसी समय (सन् '64) की एक कविता नेहरू के प्रति है। कितने सही शब्दों में उसके ऊँचे समर्पित व्यक्तित्व को आँका है—

मैंने तनहा कभी उसको देखा नहीं।
फिर भी, जब उसको देखा, तो तनहा मिला।।
बेज़बाँ तीरगी में कभी
और कभी चीख़ती धूप में
हर नये हर पुराने ज़माने में वो
चाँदनी में कभी ख़्वाब की
...ख़ुद को ढूँढा किया हर फ़साने में वह!
...ज़िन्दगी का हो कोई जिहाद
वो हमेशा हुआ सबसे पहले शहीद!

पण्डित नेहरू के बाद के दहाये के वर्ष देश के राजनैतिक-सांस्कृतिक जीवन में बहुत पीड़ापूर्ण इम्तहान के रहे हैं। प्रतिक्रियावादी शक्तियों ने हर प्रकार से इतिहास को झूठा साबित करने और आम जनता को गुमराह करने की कोशिश की और विदेशी षड्यन्त्रकारियों ने भी यहाँ के अन्धविश्वासों और धार्मिक पाखण्ड की आड़ में पनपते हुए सामन्ती स्वार्थों और लिप्साओं को हवा दी, उन्हें अपने उद्देश्यों के लिए इस्तेमाल करने के लिए हर तरह से बढ़ावा दिया। इस पूरे माहौल और स्थिति का बोलता हुआ चित्र इन उच्चकोटि की कविताओं में मिलेगा : 'आख़िरी रात', 'आदत', 'दायरा', 'दोपहर', 'बहुरूपिनी', 'इन्तेशार' आदि। ये नज़्में बहुत गहरी पीड़ा की अनुभूतियों में डूबकर कही गयी हैं। शब्द वातावरण में खो जाते हैं, और हम उस वातावरण में। 'आख़िरी रात' यों शुरू होती है :

चाँद टूटे पिघल गये तारे।
क़तरा-क़तरा टपक रही है रात।।

पूरी नज़्म धीरे-धीरे-पढ़ने से तअल्लुक़ रखती है। 'आदत' शायद मुक्तिबोध की याद दिलाये। 'दायरा' की अन्तिम पंक्तियाँ :

चन्द रेखाओं में सीमाओं में
ज़िन्दगी क़ैद है सीता की तरह।

राम कब लौटेंगे मालूम नहीं।
काश, रावन ही कोई आ जाता।

(ताकि जिन शक्तियों का संहार होना है वह हो भी चुके!)। 'दोपहर' में किसी तूफ़ान के उठने से पहले का सन्नाटा महसूस होता है। एक ऐसा ठहराव और गतिरोध, जहाँ मात्र आस्थाहीनता और दिशाहीनता है। और इसी सिलसिले में यह शोर भी कुछ कहता है :

मनु की मछली न, कश्ती-ए-नूह : औ ये फ़ज़ा!
कि क़तरे-क़तरे में तूफ़ान बेक़रार-सा है।

'बहुरूपिनी' (घोर प्रतिगामी शक्तियों पर एक रूपक) का आरम्भ देखिये—

एक गर्दन प सैकड़ों चेहरे
और हर चेहरे पर हज़ारों दाग़
और हर दाग़ बन्द दरवाज़ा
रौशनी इनसे आ नहीं सकती!
रौशनी इनसे जा नहीं सकती!

कटु यथार्थ की इन सब अनुभूतियों के बावजूद कैफ़ी का कवि अन्दर से दृढ़ अडिग और भविष्य के प्रति आश्वस्त है। प्रकृति से वह स्वस्थ वातावरण, प्रेम और उल्लास का कवि है, क्योंकि—

रूह चेहरों प धुआँ देख के शर्माती है!

प्रेम में भी उसको अपने व्यापक दायित्वों का एहसास रहता है। जैसे इसके बिना उसका निजी प्रेम-संसार अधूरा-सा रह जाता हो! अपनी महबूबा से कहता है—

प्यार का जश्न नयी तरह मनाना होगा!

प्रेम और सौन्दर्य की कविताओं में कैफ़ी का निश्छल व्यक्तित्व साफ़ आईने की तरह हमारे सामने आ जाता है। उसको ज़िन्दगी से प्यार है; यानी ज़िन्दगी की हसीन-से-हसीन चीज़ से प्यार। और उसको निश्छल इन्सान से और उसके प्यार-से-प्यार है। हुस्न और इश्क की उसकी कविताएँ कितनी संगीतमय हैं; उनके शब्दों और शैली में कितना रंगीन और कोमल और विह्वल प्रवाह है; कितनी तल्लीनता है, कैसी मादकता। प्रेयसी के सौन्दर्य का जब वह विस्तार से वर्णन करने लगता है, अंग-अंग के सौन्दर्य का...मगर विशेष रूप से आँखों का, उसकी चाल का, उसकी हया का, और उसकी कोमलता का, या विशिष्ट मनःस्थितियों में उसकी अदाओं का, तो उसके लह्जे में कैसा समर्पित आदर-भाव, सरल उत्सर्ग, सहजतम विश्वास का अपनाव भर उठता है! कैफ़ी

सौन्दर्य का पुजारी है, 'कलाकार' नहीं प्रेमी है। उसका कलाकार प्रेमी के ही हृदय में छुपा रहता है....उसकी धड़कनों में, और कहीं नहीं। उसका पूरा-का-पूरा अस्तित्व जैसे उन तमाम तरंगों में घुल जाता है जो सौन्दर्य-वैभव को पूर्णिमा प्रेम सागर की लहरों में उठाती रहती हैं। इस तरह की कोई भी नज़्म आप उठायें तो आपके हाथ में एक छलकता हुआ जाम आ जाता है...और उस जाम में कितने कोमल मूल्यवान् अर्थ संकेतों की चमक थरथराती है?

मगर यह प्यार का जश्न जब तक नयी तरह नहीं मनाया जाता पूरा नहीं होता।

वह बात जो हमें औरों की उम्दा ग़ज़लों में मिलती है वह हमें कैफ़ी के प्रेम सौन्दर्य की नज़्मों मे भरपूर अनायास ही मिल जाती हैं। मसलन् 'मिन्नतें'। देखिये कितने दर्द और प्यार से रूठे को मनाया जा रहा है। उद्धरण न दूँगा। पूरी नज़्म खोल के देखें। यह नज़्म ग़ज़ल भी है और एक पूरा सीन भी, जो दिल में बस जाता है। या, 'सवेरे सवेरे' में, प्रेम का नाज़ुक और मार्मिक मनोविज्ञान देखिये—

न पूछो वो किस तरह् आकर सिधारी
मेरी सारी हस्ती प छाकर सिधारी
ख़रामाँ - ख़रामाँ, पशेमाँ-पशेमाँ
ख़ुद अपने से भी छुपा-छुपाकर सिधारी।
...वो पलकों की मस्ती, वो नज़रों की मस्ती।
इन्हीं मस्तियों में नहाकर सिधारी।
थकी-सी वो अँगड़ाइयाँ, वो जमाहीं।
सँभलकर उठी, लड़खड़ाकर सिधारी।
अभी तक मेरी उँगलियाँ काँपता हैं :
कुछ इस तरह् दामन छुड़ाकर सिधारी।
नज़र उठ ही जाती हैं उस सम्त 'कैफ़ी'
जिधर वो निगाहें झुकाकर सिधारी!

और 'अन्देशे' तो वह नज़्म है जो हिन्दी क्या, ग़ैर हिन्दी प्रदेशों में भी फ़िल्म-प्रेमियों के दिलों में बसी हुई है। न जाने कितनों की युवावस्था में इस त्रासदी से विवशतः गुज़रना होता है। इसका इससे अधिक स्वाभाविक और सीधे, दिल को कचोटनेवाला चित्र शायद ही दूसरा कहीं मिले। पूरी नज़्म, उसका एक-एक मिस्रा दर्द की तस्वीर है—

...झुक गयी होगी जवाँ साल उमंगों की जबीं।
मिट गयी होगी ललक, डूब गया होगा यक़ीं।

छा गया होगा धुआँ, घूम गयी होगी ज़मीं,
अपने पहले ही घरौंदे को जो ढाया होगा।
दिल ने कुछ ऐसे भी अफ़साने सुनाये होंगे,
अश्क आँखों ने पिया और न बहाया होगा।
बन्द कमरे में जो ख़त मेरे जलाये होंगे,
एक-इक हर्फ़ जबीं पे उभर आया होगा।
...बे महल छेड़ प जज़्बात उबल आये होंगे,
ग़म पशेमान् तबस्सुम में ढल आये होंगे।
नाम पर मेरे जब आँसू निकल आये होंगे,
सर न काँधे से सहेली के उठाया होगा।

'फिर 'अल्लाह रे शबाब का ज़माना!' एक पूरी और मुकम्मल तस्वीर है, उठते शबाब की! एक सरापा है, यानी सजीव नख-शिख, जो ग़ज़ल की सारी अदाएँ लिये हुए है, मगर जो ग़ज़ल की सीमाओं में समाना मुश्किल थी।.'रक़्क़ास शरारा' की नृत्य करती चिंगारी जो दो निगाहों के टकराने से उड़ती है, उड़ के कहाँ-कहाँ पहुचती है, क्या-क्या बनती है, उसकी धड़कती हुई कहानी है जितनी रंगीन उतनी ही प्यारी।...या, 'पहला सलाम' ही लीजिये—उस नाज़ुक उम्र की एक तस्वीर जब प्रेम की पहली-पहली अनुभूतियाँ विवश, और कैसा विवश, कर देती हैं।...या 'तसव्वुर'; या 'मुलाक़ात'; या नक्शो-निगार'...

और फिर देखिये कि इन नज़्मों से कितनी भिन्न है वह नज़्म जिसका शीर्षक 'औरत' है!

उठ मेरी जान! मेरे साथ ही चलना है तुझे?
...जिसमें जलता हूँ उसी आग में जलना है तुझे!

*　　　*　　　*

...जन्नत इक और है जो मर्द के पहलू में नहीं;
उसकी आज़ाद रविश पर भी मचलना है तुझे!

*　　　*　　　*

गोशे-गोशे में सुलगती है चिता तेरे लिए।
फ़र्ज़ का भेस बदलती है क़ज़ा तेरे लिए।

क़हर है तेरी हर इक नर्म अदा तेरे लिए।
ज़हर-ही-ज़हर है दुनिया की हवा तेरे लिए।
रुत बदल डाल अगर फूलना-फलना है तुझे!

* * *

तू हक़ीक़त भी है, दिलचस्प कहानी ही नहीं।
तेरी हस्ती भी है इक चीज़ जवानी ही नहीं।
अपनी तारीख़ का उनवान बदलना है तुझे।

* * *

...यह भी इक क़ैद ही है, क़ैदे-मुहब्बत से निकल।
राह का ख़ार ही क्या, गुल भी कुचलना है तुझे।
...तेरी ख़ातिर है जो ज़ंजीर वो सौगन्द भी तोड़।
तौक़ ये भी है ज़मुर्रद का गुलूबन्द भी तोड़।
तोड़ पैमान-ए-मर्दाने-ख़िरदमन्द भी तोड़।
बन के तूफ़ान छलकना है, उबलना है तुझे।

* * *

*तू फ़लातूनो-अरस्तू है, तू ज़ुहरा-परवीं।**
तेरे क़ब्ज़े में है गर्दूं, तेरी ठोकर में ज़मीं।
हा, उठा, जल्द उठा, पाये-मुक़द्दर से जबीं।
मैं भी रुकने का नहीं, वक़्त भी रुकने का नहीं।
लड़खड़ायेगी कहाँ तक, कि सँभलना है तुझे।
उठ मेरी जान, मेरे साथ ही चलना है तुझे।

कैफ़ी जिन सपनों को साकार देखने के लिए तपता है और तड़पता है, उनकी थोड़ी-सी झाँकी हम 'ताशक़न्द' और 'फ़रग़ाना' जैसी कविताओं में भी ले सकते हैं। इन शहरों में आकर कवि एक ऐसे ख़ुशहाल समाज का कायाकल्प देख रहा है, जो कल तक मध्य युग की बेड़ियों में जकड़े हुए थे। कितना प्यारा, उसके अपने सपने-जैसा है, यह साकार यथार्थ, उसकी आँखों के सामने!—

ये आशिक़ के सीने से चौड़ी ज़मीं।
समा जायँ जिसमें कई आसमाँ।

---

*. जो दार्शनिक ज्ञान ओर कलात्मक सौन्दर्य का प्रतीक बताये जतो हैं।

जबीनों प सूरज, गरेबाँ में चाँद।
सितारों की गिनती नहीं है यहाँ।
ज़हे दस्ते-तामीर[1] की मस्तियाँ।

'फ़रग़ाना' को सम्बोधन—

ऐ गुलाबों के वतन।
पहले कब आया था कुछ याद नहीं।
लेकिन आया था, क़सम खाता हूँ।
फूल तो फूल हैं, काँटों पे तेरे।
अपने होठों के निशाँ पाता हूँ।
—मेरे ख़्वाबों के वतन।
चूम लेने दे मुझे हाथ अपने
जिनसे तोड़ी हैं कई ज़ंजीरें।
तूने बदला है मशीय्यत[2] का मेज़ाज
तूने लिक्खी हैं नयी तक़रीरें
इन्क़लाबों के वतन!

मास्को में पहुँचता है तो दूसरे विश्वयुद्ध के नक्शे उसकी आँखों के सामने फिर घूम जाते हैं, जिन पर वह 'यलग़ार' और 'फ़त्हे-बर्लिन' जैसी पुरजोश नज़्में युद्ध के दिनों में लिख चुका था—

आज भी ख़ून-सा रिसता है मेरे गीतों में
जिस पे ख़ूँख़्वार फ़ज़ा से कभी बम बरसे थे!
हिरोशिमा ने वो जूड़ा अभी बाँधा ही नहीं
अपनी ही लाश प इक रोज़ जो बिखराया था!

'यलग़ार' और 'फ़त्हे-बर्लिन' के अलावा 'मौजूदा जंग और तरक़्क़ी पसन्द अनासिर' व 'आख़िर' व 'आख़िरी जंग' की भी शानी-शिकोह देखने के क़ाबिल हैं। इधर की नज़्मों में 1969 की 'पहरा' शीर्षक नज़्म की उठान देखिये—

अज़्म[3] का क़ोहे-गराँ[4], दर्द की दीवार हैं हम!
ज़ख़्म का ज़ख़्म हैं, तलवार की तलवार हैं हम!

---

1. नवनिर्माण के हाथों, 2. दैव, प्रकृति, 3. दृढ़ संकल्प, 4. अटल पर्वत।

जैसे झपकीं नहीं सदियों से ये बोझल पलकें,
आज की रात कुछ इस तरह से बेदार हैं हम!
जाल सरहद से उठा, जाल बिछानेवाले!

उस कपटी, घिनौने शत्रु का चरित्र-चित्रण जो मित्र का वेश बनाकर आता है इस तरह खोलकर किया गया है कि उसके सिक्के, उसके 'एहसान', उसके 'प्यार' के जाम, सब का भरम खुल जाता है।

इतना नज़दीक न आ साँस घुटी जाती है।
तूने सोने के कटोरे में ये क्या शय पी ली—
गर्म साँसों से सड़े ख़ून की बू आती है।
मुँह उधर फेर ज़रा प्यार जतानेवाले।

कहते हैं कि 'तेरा एहसान जो लें, अपनी बहारें भूलें/खेत में क़हर उगें, बाग़ में संकट फूलें!...' क्योंकि—

ख़ून बहता है तो बन जाती है तस्वीर तेरी :
जंग इस हाथ में, उस हाथ में वीराना लिये
तुझसा देखा न सुना, ख़ून बहानेवाले।
क़िस्मत बन के तेरे दम से बिगड़ जाती हैं।
मण्डियाँ तेरे भनक पा के सुकड़ जाती हैं।
सिक्का खोटा है तेरा, दाँव लगानेवाले।

अन्त में पूरे दम-खम और आत्मविश्वास से उसको ख़बरदार करते हैं, कि देखा, समझा रखा—

हम वो राही हैं जो मंज़िल की ख़बर रखते हैं।
पाँव काँटों प, शिगूफ़ों प नज़र रखते हैं।
कितनी रातों से निचोड़ा है उजाला हमने!
रात की क़ब्र प बुनियादे-सहर रखते हैं।
ओ अँधेरे के ख़ुदा, शम्अ बुझानेवाले।

इसी सन्दर्भ में 'बँगलादेश' शीर्षक नज़्म भी देखी जा सकती है। इसमें बँगलादेश एक व्यापक प्रतीक रूप में उभरता है—अदम्य मानव-संघर्ष का प्रतीक, जिसे किसी भी युग में कुचला नहीं जा सकता है—

मेरी तारीख़[1] ही तारीख़ है, जुग़राफ़िया[2] कोई नहीं
और तारीख़ भी ऐसी, जो पढ़ायी तो नहीं की जा सकती।
लोग छुप-छुप के पढ़ा करते हैं।

* * *

क़ातिलों को कभी सूली प चढ़ाया मैंने
और कभी आप ही मसलूब हुआ[3]।
फ़र्क़ इतना है कि क़ातिल मेरे मर जाते हैं,
मैं न मरता हूँ, न मर सकता हूँ!

'नौजवान' शीर्षक कविता की ओजस्वी पंक्तियाँ याद आ जाती हैं। स्वदेश को सम्बोधन करते हुए कवि कहता है :

हम बचायेंगे, सजायेंगे, सँवारेंगे तुझे।
हर मिटे नक़्श को चमका के उभारेंगे तुझे।
अपनी शहरग[4] का लहू दे के निखारेंगे तुझे।
दार प चढ़ के फिर इक बार पुकारेंगे तुझे।
राह इमदाद[5] की देखें—ये भले तौर नहीं।
हम भगतसिंह के साथी हैं, कोई और नहीं।
हम वो दीपक हैं जो आँधी में जला करते हैं।
हम ओ ग़ुंचे हैं जो बिजली पे हँसा करते हैं।

फिर कहते हैं कि—ज़िन्दगी हमसे आग्नेय वाणी की माँग करती है, और ज्ञान-विज्ञान हमीं से सब-कुछ जानना चाहते हैं! हम तो ऐसी ललकार हैं—

ऐसी ललकार कि तलवार भी पानी माँगे।
ऐसी रफ्तार कि दरिया भी रवानी माँगे...।

मगर यही नौजवान जब एक बड़ी संख्या में बेकार होता है, तब?! तब वो देखता है कि—

मेरी हड्डियों से बने हैं ये ऐवाँ[6]।
मेरे खून से है ये सैले-बहाराँ[7]।
मेरी मुफ़लिसी[8] से ख़ज़ाने हैं ताबाँ[9]।

———————

1. इतिहास, 2. भूगोल, 3. सलीब (या सूली) पर चढ़ाया गया, 4. प्राण-धमनी, 5. सहायता, 6. महल, 7. बसन्त-ऋतु (सुख-समृद्धि) की धारा, 8. विपन्नता, 9. चमकदार।

मेरी बेज़री[1] में हैं सिक्के दरख्शाँ[2]।
इस आइनए-ज़र[3] का ज़ंगार[4] हूँ मैं।
बड़ा दुःख है मुझको कि बेकार हूँ मैं

'बेकारी' शीर्षक इस कविता के आरम्भ में नौजवान कहता है—

ये बाजू, ये बाजू, की मेरे सलाबत[5]।
ये सीना, ये गर्दन ये क़ूब्वत, ये सेहत।
ये जोशे-जवानी, ये तूफ़ाने जुर्अत।
ब-ईं वस्फ़[6] कुछ भी नहीं मेरी क़ीमत।
हयातो-अमल[7] का गुनहगार हूँ मैं!

* * *

जो मौक़ा मिले सर फ़लक[8] का झुका दूँ।
ज़मीं पर सितारों की शम्एँ जला दूँ।
ख़ज़फ़[9] को दमक देके सूरज बना दूँ।
तरक़्क़ी को कुछ और आगे बढ़ा दूँ।
कि चालाको-हुशियारो—बेदार हूँ मैं!

अन्त में जब हर तरह से परेशान हो जाता है तो अपनी दशा देखकर उसके मुँह से यही निकलता है—

कहाँ तक ये बिल्जब्र[10] मर-मर के जीना।
बदलने लगा है अमल का क़रीना।
लहू में है खौलन, जबीं पर पसीना।
धड़कती हैं नब्जें, सुलगता है सीना।
गरज, ए बग़ावत! कि तैयार हूँ मैं।
बड़ा दुःख है मुझको कि बेकार हूँ मैं!

सामन्तशाही से मोर्चा लेनेवाले ये ही तथाकथित बाग़ी किसान थे जिन्होंने निज़ामशाही का तख़्ता पलटने की भूमिका अदा की। उनके संघर्ष का चित्र खींचते हुए कवि हमें बताता है कैसे 'ज़ईफ़[11] माएँ, जवान बहनें'... लहू-भरी चोलियों से परचम बना रही हैं। तरानए-जंग गा रही हैं।

---

1. धनहीनता, 2. चमकदार, 3. धन का दर्पण, 4. काँच का दर्पण बनानेवाली सिन्दूरी, पालिश, 5. कठोरता, गठन, 6. इन गुणों के साथ होते हुए भी, 7. जीवन की कर्मठता, 8. आकाश, 9. ठीकरा, 10. बलात्, 11. बूढ़ी।

चमक रहे हैं गठीले शानों प फावड़े, बेलचे, कुदालें
उड़ा रही हैं हवा में चिंगारियाँ तुफ़ंगों की नर्म नालें
वो गोलियाँ बेझिझक लहू में जो बादशाहों के भी नहा लें
वो गोफनें ताज जो गिरा लें!

उनका अटूट विश्वास कहता है—

वो खेत कौन उजाड़ेगा, कौन लूटेगा।
उगी हुई हैं मुंडेरों प जिनके शमशीरें।

जहाँ—

जगा के ख़ाक की क़िस्मत शहीद सोये हैं!

मगर मध्य वर्ग अपनी दुविधाओं से कभी मुश्किल से ही मुक्त हो पाता है। 'कशमकश...वर्ग संघर्ष में मध्यवर्ग की दुविधा शीर्षक कविता इसी सन्दर्भ में पढ़ने से तअल्लुक़ रखती है। और 'उलझनें' भी; जिसमें कवि पूरी हिम्मत के साथ नया मोड़ लेता है। इस नज़्म के अन्त में वह स्पष्ट रूप से कहता है कि जिस रास्ते पर मैंने स्वयं दूसरों को आगे बढ़ाया है, उससे मैं अब खुद कैसे पीछे लौट सकता हूँ। यह, और 'जौहर' कवि के आरम्भिक संग्रह ('झंकार') की सशक्त रचनाएँ हैं। इसी नयी दृष्टि को लेकर, जब वह ताजमहल देखने जाता है, तो वहाँ देर तक उससे रुका नहीं जाता। बस, वह यही कहता है—'दोस्त, मैं देख चुका ताजमहल/वापस चल!'

चाँदनी और ये महल! आलमे-हैरत को क़सम[1]
दूध की नह्‌र में जैसे कि उबाल आ जाये!
ऐसे सय्याह[2] *की नज़रों में खुपे क्या ये समाँ,*
जिसको फ़रहाद की क़िस्मत का ख़याल आ जाये!

वह कहता है कि देखने योग्य यह ताजबीबी का रौज़ा नहीं, जिसके दरीबाम पर मलिका का शबाब हँस रहा है,—जिसकी हर एक तह से 'मज़ाक़े-तफ़रीक़' (भेदभाव की 'रुचि') जगमगा रही है; बल्कि ध्यान देने योग्य बात तो यह है—

फैल जाये इसी रौज़े का जो सिमटा दामन,
कितने जाँदार जनाज़ों को भी मिल जाय मज़ार!

प्राचीन परम्परा, कला और संस्कृति के साथ खिलवाड़, आदर्शों का व्यापार, स्वार्थी राजनीतियों के अन्दर चरित्रहीन दलबन्दियाँ...इन सबका बहुत दिलचस्प ख़ाका, व्यंग्य विद्रूप के बिम्बों द्वारा, कैफ़ी ने अपनी 'खिलौने' शीर्षक कविता में खींचा है। यह सन् '71 की रचना है :

---

1. आश्चर्य-जगत्, 2. पर्यटक, यात्री।

रेत की नाव। झाग के माँझी।
काठ की रेल। सीप के हाथी।
...नहर जादू की। पुल दुआओं के।
झुनझुने, चन्द योजनाओं के।
सूत के चेले! मूँज के उस्ताद।...
आलिम आटे के; और रवे के इमाम।
और, पन्नी के शाइराने-कराम।
ऊन के तीरे। रूई की शम्शीर।
सद्र मिट्टी का; और रबर के वज़ीर।

कैफ़ी की ग़ज़ल के दो शेर मानो इस कविता पर सार-रूप में, बहुत अच्छी संक्षिप्त टिप्पणी हैं—

इसको मज़हब कहो, या सियासत कहो।
ख़ुदकुशी का हुनर तुम सिखा तो चले।
बेलचे लाओ, खोलो ज़मीं की तहें।
मैं कहाँ दफ़्न हूँ, कुछ पता तो चले।

दूसरा शेर हमें हठात् मुक्ति-बोध की याद दिला देता है।

प्रकृति-चित्रण—आँधी, तूफ़ान, वर्षा, कुहरा आदि के सजीव दृश्यों का...और संगीत लोक में कवि के तन्मय विहार का...अलग से उल्लेख नहीं हो सका। इन विषयों की रचनाएँ संग्रह में यथास्थान देखी जा सकती हैं और उनका आनन्द लिया जा सकता है। यहाँ प्रकृति-चित्रण के ये तीन छोटे-छोटे उद्धरण पर्याप्त होंगे—

फ़ज़ा झूमती है घटा झूमती है।
दरख़्तों को ज़ौ[1] बर्क़[2] की चूमती है।
थिरकते हुए अब्र[3] का जज़्ब[4], तौबा।
—कि दामन उठाये ज़मीं घूमती है।

*　　*　　*

चमकता है, बुझता है, थर्रा रहा है।
भटकने की जुगनूँ सज़ा पा रहा है।
अभी ज़ेह्न[5] में था ये रौशन तख़ैय्युल[6]
फ़ज़ा में जो उड़ता चला जा रहा है।

'बरसात की एक रात'

---

1. चमक, 2. बिजली, 3. बादल, 4. (बादलों का) आकर्षण, चुम्बकत्व, 5. मन, ध्यान, 6. कल्पना (का रूप)। 7. रचनात्मक। 8. तेजोमय। 9. धरती में गड़ी निधियाँ।

आँधी में उनका पूरा ज़ोर इस व्यंजना में व्यक्त होकर और आगे बढ़ता है—

बढ़ी आती है तामीरी[7] तबाही।
झुकी पड़ती है नूरअफ़ज़ा[8] सियाही।
झकोले खा रहा है क़स्रे-शाही।
बला ज़ंजीरे-दर खड़का रही है—
उठो, देखो, वो आँधी आ रही है!
बिठा रखे हैं पहरे बेकसी ने।
खज़ानों के फटे जाते हैं सीने।
ज़मीं दहली, उभर आये दफ़ीने[9]
दफ़ीनों को हवा ठुकरा रही है।
उठो, देखो, वो आँधी आ रही है!

नानाविध शैलियों में व्यक्ति और समाज के नाना भाव-स्थितियों के वर्णनों पर कवि के पूर्ण अधिकार का यथेष्ट परिचय हम पिछले पृष्ठों में पा चुके हैं। अपने समकालीन श्रेष्ठ कवियों में कैफ़ी का नाम बहुत सम्मान के साथ लिया जाता है। इन सबों ने मिलकर प्रगतिशील उर्दू कविता का माथा बहुत ऊँचा किया है और उसको बहुत शक्ति सम्पन्न बनाया है। सबका अपना-अपना विशिष्ट व्यक्तित्व और आकर्षण है। मसलन् सरदार जाफ़री स्वभाव से दार्शनिक हैं। मार्क्सीय दृष्टि और सफल ओजस्वी र्‌हेटरिक के प्रभाव से शोषण और संघर्ष के...बम्बई और अवध के...उन्होंने विस्तृत चित्र पेश किये हैं। उनके यहाँ शानदार मार्मिक कल्पनाओं के सिलसिले, जैसे लम्बे लिरिक ड्रामों के लिए मौज़ूँ हों, मिलेंगे। या मसलन् फ़ैज़। फ़ैज़ की नज़्मों में ग़ज़ल की-सी लाक्षणिकता, शिल्प-लाघव और प्रतीकों के व्यंग्यार्थ मिलते हैं; इसीलिए कुछ और भी, विषम वर्ग संघर्ष झेलनेवालों की कसक, पीड़ा और उम्मीद की चमक...जैसे चिनग़ारियाँ उड़ती हों...अपनी त्रासदिक मोहिनी से हमें विकल कर देती हैं। या मख़दूम...मख़दूम मुहीउद्दीन का अपना ख़रा समर्पित व्यक्तित्व अनायास ही हर इन्क़लाबी का प्रतिनिधि व्यक्तित्व-सा बन जाता है, और तब शायरी की ज़मीन से वह कुछ ऊपर उठ जाता है...शायरी की ज़मीन को भी शायद कुछ ऊपर उठाते हुए।...और भी कई बहुत अच्छे-अच्छे शाइर इनके अलावा हैं, जो बहुत मशहूर और लोकप्रिय हैं (जैसे, अख़्तरुल-ईमान, जाँनिसार अख़्तर, मजरूह, साहिर, वग़ैरह)—या जिन्होंने इधर सबका ध्यान अपनी ओर खींचा (जैसे, खुर्शीदुल् इस्लाम)...मगर—

---

1. रचनात्मक। 2. तेजोमय। 3. धरती में गड़ी निधियाँ।

मगर कैफ़ी का अन्दाज़े बयाँ कुछ और है। इन सबों से न्यारा। वह भावनाओं की पवित्रता, मुहाविरे की शुद्धता और भाषा के स्वाभाविक सौन्दर्य और सौष्ठव और इनकी परम्परा की ख़ूबसूरती को बरक़रार रखते हुए, एक आम दर्दमन्द इन्सान से एक आम दर्दमन्द इन्सान की तरह मिलता है...अपनी कविताओं में...एक जाने-पहचाने रफ़ीक़ और दोस्त की तरह...बिलकुल हमारे दिल की बातों को गुनगुनाते हुए, कुछ हमारे ही दिल के लहजे में। और सबसे बड़ी बात : उसके पास, इन सारी कैफ़ियत में, एक साफ़ दृष्टि और साफ़-स्पष्ट दिशा है...कि वह हमें कभी नहीं भटका सकता! हम आश्वस्त हैं? इसीलिए तो—

वह एक साथी शाइर है! हमें हैरत में डाल देने की जुगत नहीं करता...न तो गूढ़ चिन्तन द्वारा, न चित्र-विचित्र कल्पनाओं के अनोखेपन से। उसकी नज़्मों के तेवर बेतकल्लुफ़ हमें मोह लेते हैं। वह जो बात करता है, लगती हुई; और साफ़। मुहब्बत की बात हो, या जुदाई की, जोशो-ख़रोश और इन्क़लाब की, या कोमल संगीत की और वर्षा की फुहारों की...वह आसपास के माहौल से दुःखी हो या पुर-उम्मीद—वह जिस भी तरंग में हो, मूड में हो—हर हाल में हम गोया उसके साथ अपने आपको पाते हैं। हाँ, वो तेलंगाना हो कि फ़रग़ाना, अस्पताल हो कि घर की देहलीज़ 'मयख़ाना' हो कि 'वीराना'...सब जगह वह हमारे साथ हैं और हमें अपनी परिचित शैली में हमारे माहौल की हक़ीक़त से, रास्तों के पेचोख़म से (वहाँ स्वार्थी सियासत के दाँव-पेंच हों चाहे धर्म और मज़हब के ढोंग और आड़ की टट्टियाँ) बराबर आगाह करता चलता है। और किस मज़े के साथ।

ऊँचे दर्जे की शायरी पर फ़िल्म व्यवसाय का असर...बाज़ शायरों पर कैसा पड़ा और बाज़ों पर कैसा—इसकी चर्चा होती ही रही है। और यह सवाल मेरे दिल में भी रहा है। (कैफ़ी के सिलसिले में इसका जवाब ऊपर आ चुका।) ग़ौर से देखने पर मैंने कैफ़ी को, बहैसियत शायर, आज भी ताज़ादम पाया। बल्कि मैंने पूछा, तो उन्होंने कहा—

—एक तवील नज़्म (लम्बी कविता) जल्दी ही लिखने का इरादा है।

—उसका मौज़ू (विषय) क्या होगा?

—मनुष्य की सामाजिक चेतना का विकास।

—मगर इस चीज़ को लेकर कुछ नज़्में तो लिखी भी जा चुकी हैं।

—हाँ मगर जो कुछ लिखा गया, मार्क्सिज़्म के नज़रिये से, कामियाब नहीं। फिर थोड़ी देर रुककर, कुछ सोचते हुए बोले—

—एपिक लिखना चाहता हूँ। सबसे ज़्यादा वियतनाम इन्स्पायर करता है। आउट लाइन बना चुका हूँ।... (घटना स्थलों पर) जाना भी चाहता हूँ।

निश्चय ही, शुभ कामनाओं और भरसक धैर्य के साथ पाठक इन भावी महत्त्वपूर्ण कृतियों की प्रतीक्षा करेंगे।

—शमशेर बहादुर सिंह

बी-89, दयानन्द कालोनी,
लाजपत नगर,
नयी दिल्ली

दो शब्द

'कैफ़ी' आज़मी लब्ध-प्रतिष्ठित उर्दू कवि हैं। वर्तमान युग के जिन कवियों को सर्वप्रियता प्राप्त हुई है, उनमें 'कैफ़ी' का विशेष नाम है। 'कैफ़ी' की कविताओं में विचारों एवं कला का सुन्दर समागम मिलता है। उन्होंने देशी-विदेशी राजनैतिक घटनाओं और प्रजाजनों के सुख-दुःख को अत्यन्त कलात्मकता एवं संवेदनशीलता से अपनी कविताओं में वाणी प्रदान की है। 'कैफ़ी' की कविता में क्रोध और झल्लाहट का नाम नहीं अपितु उनकी भाषा मधुर एवं स्वर खरापन लिये हुए है।

'कैफ़ी' का पूरा नाम सैय्यद अतहर हुसैन और उपनाम 'कैफ़ी' है। 1918 ई. में आज़मगढ़ (उत्तर प्रदेश) में उनका जन्म हुआ। इसलिए 'कैफ़ी आज़मी' कहलाये। उन्होंने 'फ़ारसी' तथा 'अरबी' भाषाओं की शिक्षा वार्षिक पाठशालाओं में प्राप्त की परन्तु संवेदनशील एवं विद्रोही स्वभाव के कवि होने के नाते पराधीन भारत की व्यथा के भागीदार भी बने। तत्कालीन प्रगतिशील लेखक संघ से प्रभावित हुए और उसकी मान्यताओं को अपनाकर कविताएँ लिखने लगे। प्रारम्भ में इनकी कविताएँ प्रेम-प्रधान होती थीं। कुछ समय पश्चात् समसामयिक घटनाओं पर कलात्मकतापूर्वक कविताएँ लिखने एवं स्वतन्त्रता आन्दोलन के गीत भी गाते रहे। तत्पश्चात् कम्युनिस्ट पार्टी के कार्यकारिणी सदस्य बनकर इन्क़लाबी कविताएँ लिखने पर बल दिया।

1944 ई. में उनका प्रथम काव्य-संकलन 'झंकार' के नाम से प्रकाशित हुआ, जो प्रेम-प्रधान एवं राजनीतिक कविताओं पर आधारित था। उनका द्वितीय काव्य संकलन 1947 ई. में 'आख़िरे-शब' के नाम से प्रकाशित हुआ, जो विशेषकर उनकी ख्याति का आधार बना। उनका तृतीय एवं नवीनतम काव्य-संकलन 'आवारा सज्दे' है, जो 1974 ई. में उर्दू में प्रकाशित हुआ। इसी महान् काव्य संकलन पर उन्हें साहित्य अकादमी पुरस्कार भी प्राप्त हुआ।

'आवारा सज्दे' के हिन्दी रूपान्तर का प्रथम संस्करण 1980 ई. में प्रकाशित हुआ। अब उसका द्वितीय संशोधित एवं बृहद् संस्करण प्रस्तुत है। इसमें 'कैफ़ी' की कुछेक ऐसी रचनाएँ भी सम्मिलित की गयी हैं जो 'आवारा सज्दे' के पूर्व संस्करण में नहीं थीं तथा उनके किसी भी उर्दू काव्य-संकलन में भी प्रकाशित नहीं हुई हैं। ऐसी

सभी रचनाएँ बिलकुल नयी हैं और प्रथम बार आपके सम्मुख प्रस्तुत हो रही हैं। प्रथम संस्करण में मुद्रण की अनेक त्रुटियाँ रह गयी थीं, जिनका सुधार कर दिया गया है। हिन्दी लिप्यान्तरण में आधुनिक वर्तनी को अपनाया गया है। अत पाठकगण सुविधापूर्वक 'कैफ़ी' की कविताओं का रसास्वादन कर सकेंगे।

इलाहाबाद

—ज़ेया फ़ातिमा ज़ैदी

आवारा सज्दे

दावत

कोई देता है दरे-दिल प मुसलसल आवाज़
और फिर अपनी ही आवाज़ से घबराता है

अपने बदले हुए अन्दाज़ का एहसास नहीं
मेरे बहके हुए अन्दाज़ से घबराता है

साज़ उठाया है कि मौसम का तक़ाज़ा था यही
काँपता हाथ मगर साज़ से घबराता है

राज़ को है किसी हमराज़ की मुद्दत से तलाश
और दिल सुहबते-हमराज़ से घबराता है

शौक़ ये है कि उड़े वो तो ज़मीं साथ उड़े
हौसला ये है कि परवाज़[1] से घबराता है

तेरी तक़दीर में आसाइशे-अंजाम[2] नहीं
ऐ कि तू शोरिशे-आग़ाज़[3] से घबराता है

कभी आगे, कभी पीछे कोई रफ़्तार है ये
हमको रफ़्तार का आहंग[4] बदलना होगा

ज़ेहन के वास्ते साँचे तो न ढालेगी हयात
ज़ेहन को आप ही हर साँचे में ढलना होगा

ये भी जलना कोई जलना है कि शोला न धुआँ
अब जला देंगे ज़माने को जो जलना होगा

रास्ते घूम के सब जाते हैं मंज़िल की तरफ़
हम किसी रुख़ से चलें, साथ ही चलना होगा

---

1. उड़ान, 2. परिणति का सुख, 3. आरम्भ का कोलाहल, 4. लय, सामंजस्य।

नया हुस्न

कितनी रंगीं है फ़ज़ा, कितनी हसीं है दुनिया
कितना सरशार है ज़ौक़े-चमनआराई[1] आज
इस सलीक़े से सजायी गयी बज़्मे-गेती[2]
तू भी दीवारे-अजन्ता से उतर आयी आज

रूनुमाई[3] की ये साअत, ये तहीदस्ती-ए-शौक़[4]
न चुरा सकता हूँ आँखें, न मिला सकता हूँ
प्यार सौग़ात, वफ़ा नज़्र, मुहब्बत तुहफ़ा
यही दौलत तेरे क़दमों प लुटा सकता हूँ

कब से तख़ईल[5] में लरज़ाँ था ये नाज़ुक पैकर
कब से ख़्वाबों में मचलती थी जवानी तेरी
मेरे अफ़साने का उनूवान[6] बनी जाती है
ढलके साँचे में हक़ीक़त के कहानी तेरी

मरहले[7] झेल के निखरा है मज़ाक़े-तख़लीक़[8]
सई-ए-पैहम[9] ने दिये हैं ये ख़दो-ख़ाल तुझे
ज़िन्दगी चलती रही काँटों प, अंगारों पर
जब मिली इतनी हसीं, इतनी सुबुक[10] चाल तुझे

तेरे क़ामत में है इन्साँ की बलन्दी का वक़ार[11]
दुख़्तरे-शहूर[12] है, तहज़ीब का शहकार है तू
अब न झपकेगी पलक, अब न हटेंगी नज़रें
हुस्न का मेरे लिये आख़िरी मेयार[13] है तू

---

1. उपवन सजाने की रुचि, 2. धरती की सभा, 3. चेहरा दिखाना, 4. शौक़ के ख़ाली हाथ, 5. कल्पना, 6. शीर्षक, 7. संकट, 8. सृजन की सुरुचि, 9. निरन्तर प्रयास, 10. कोमल, 11. गौरव, 12. शहर की बेटी, 13. मानदण्ड, कीर्त्तिमान,

ये तेरा पैकरे-सीमीं[14] ये गुलाबी सारी
दस्ते-मेहनत[15] ने शफ़क़[16] बन के उढ़ा दी तुझको
जिससे महरूम[17] है फ़ितरत[18] का जमाले-रंगीं[19]
तर्बियत[20] ने वो लताफ़त[21] भी सिखा दी तुझको

आगही[22] ने तेरी बातों में खिलायीं कलियाँ
इल्म ने शक्करीं लहजे में निचोड़े अंगूर
दिलरुबाई का ये अन्दाज़ किसे आता था
तू है जिस साँस में नज़दीक उसी साँस में दूर

ये लताफ़त, ये नज़ाकत, ये हया, ये शोख़ी
सौ दिये जलते हैं उमड़ी हुई ज़ुल्मत[23] के ख़िलाफ़
लबे-शादाब[24] प छलकी हुई गुलनार हँसी
इक बग़ावत है ये आईने-जराहत[25] के ख़िलाफ़

हौसले जाग उठे, सोज़े-यक़ीं[26] जाग उठा
निगहे-नाज़ के बे-नाम इशारों को सलाम
तू जहाँ रहती है उस अर्ज़े-हसीं[27] पर सज्दा[28]
जिनमें तू मिलती है उन राहगुज़ारों को सलाम

आ, क़रीब आ, कि ये जूड़ा मैं परीशाँ कर दूँ
तश्नाकामी[29] को घटाओं का पयाम आ जाये
जिसके माथे से उभरती है हज़ारों सुब्हें
मेरी दुनिया में भी ऐसी कोई शाम आ जाये

---

14. चाँदी का बदन, 15. श्रम के हाथ, 16. उषा, 17. वंचित, 18. प्रकृति, 19. रंगीन आभा, 20. संस्कार, 21. मृदुलता, मधुरता, 22. चेतना, 23. अन्धकार, 24. रसीले होंठ, 25. आक्रमण का विधान, 26. विश्वास की गर्मी, 27. सुन्दर धरती, 28. नमस्कार, 29. तृष्णा, प्यास।

एक बोसा

जब भी चूम लेता हूँ इन हसीन आँखों को
सौ चिराग़ अँधेरे में झ़िलमिलाने लगते हैं

फूल क्या, शिगूफ़े[1] क्या, चाँद क्या, सितारे क्या,
सब रक़ीब[2] क़दमों पर सर झुकाने लगते हैं

रक़्स[3] करने लगती हैं मूरतें अजन्ता की
मुद्दतों के लब-बस्ता[4] ग़ार[5] गाने लगते हैं

फूल खिलने लगते हैं उजड़े-उजड़े गुलशन[6] में
प्यासी-प्यासी धरती पर अब्र[7] छाने लगते हैं

लम्हे भर को ये दुनिया ज़ुल्म छोड़ देती है
लम्हे भर को सब पत्थर मुस्कराने लगते हैं

[1951]

---

1. कलियाँ, 2. प्रतिद्वन्द्वी, 3. नृत्य, 4. जिनके होंठ बन्द हों, 5. गुफाएँ, 6. उपवन, 7. बादल।

तेलंगाना

ज़ईफ़[1] माँएँ, जवान बहनें, झुके हुए सर उठा रही हैं
सुलगती नज़रों की आँच में, भीगी-भीगी पलकें सुखा रही हैं
लहू भरी चोलियों, फटे आँचलों से परचम बना रही हैं
तरान-ए-जंग[2] गा रही हैं

ज़रा पुकार दो बेचैन नौजवानों को
ज़रा झँझोड़ दो कुचले हुए किसानों को
इधर से क़ाफ़िला-ए-इन्क़लाब गुज़रेगा
बिछा दो सीन-ए-गेती[3] प आसमानों को

सफ़ेद पलकों, खिंची हुई झुर्रियों में शोले मचल पड़े हैं
जवाँ निगाहों, जवाँ दिलों से, हज़ार तूफ़ाँ उबल पड़े हैं
भरे हुए दामनों में पत्थर, घरों से बच्चे निकल पड़े हैं
सब एक ही सम्त चल पड़े हैं

जता दो क़स्रे-हुकूमत[4] के सब मकीनों[5] को
बचा सकें तो बचा लें वह शहनशीनों[6] को
तरसते रहते हैं जो हाथ आस्तीं के लिए
जलाल[7] में वो उलट देते हैं ज़मीनों को

चमक रहे हैं गठीले शानों[8] प फावड़े, बेलचे, कुदालें
उड़ा रही हैं हवा में चिनगारियाँ तुफ़ंगों की गर्म नालें
वो गोलियाँ बे-झिझक लहू में जो बादशाहों के भी नहा लें
वो गोफनें ताज जो गिरा लें

---

1. वृद्ध, 2. युद्ध का गीत, 3. धरती की छाती, 4. सत्ता का महल, 5. निवासी, 6. राजा के बैठने की जगह, 7. आभा, 8. कन्धे

ये जस्त[9] रूस के मैदान ने सिखायी है
ये फ़ौज चीन से होती दखन में आयी है
वो उठ खड़े हुए धरना दिये जो बैठे थे
कि आज शाह के ऐवान[10] पर चढ़ाई है

ये शहर्यारी[11], ये ताजदारी[12], वुजूद[13] पर बार[14] हो गयी है
जफ़ा[15] की ख़ूगर[16], ग़रीब दुनिया जफ़ा, से बेज़ार हो गयी है
ज़मीन हर छावनी निगलने पे आज तैयार हो गयी है
कि भूख बेदार[17] हो गयी है

न सर्फ़े-ख़ास[18] की हदबन्दियाँ न जागीरें
हर एक गाम प टूटी पड़ी हैं ज़ंजीरें
वो खेत कौन उजाड़ेगा कौन लूटेगा
उगी हुई हैं मुँडेरों प जिनके शमशीरें[19]

अवाम का इज़्तराब[20] है ये, अवाम का पेचो-ताब है ये
सितम से दबना है ग़ैर-मुमकिन, कि हर सितम का जवाब है ये
समझते हो सत्याग्रह इसको, ज़िन्दगी का अताब[21] है ये
झुका दो सर इन्क़िलाब है ये

कहाँ जिहाद, कहाँ जिद्दो-जिहद की मंज़िल
मुफ़ाहमत[22] नहीं पाती जिहाद का हासिल
हवा-ए-तुन्द[23] ने गूँधी है ज़ुल्फ़े-आज़ादी
बग़ावतो ने निखारा है हुस्ने-मुस्तक़बिल[24]

हयात[25] अँगड़ाई ले के अपना निज़ाम अब ख़ुद सँभालती है
जली हुई बस्तियों प तामीर[26] अक्स शहरों का डालती है

---

9. छलांग, 10. महल, 11. शासन, बादशाही, 12. बादशाही, 13. अस्तित्व, 14. बोझ, 15. अत्याचार, 16. अभ्यस्त, आदी, 17. जागृत, 18. राजा (निजाम) की निजी सम्पत्ति, 19. तलवारें, 20. उद्विग्नता, 21. श्राप, 22. समझौता, 23. तेज़ हवा, 24. भविष्य का सौन्दर्य, 25. जीवन, 26. निर्माण,

रविश-रविश[27] को शिगूफ़ाकारी[28] चमन के साँचे में ढालती है
कली-कली रंग उछालती है

लहू से सीन-ए-गेती के दाग़ धोये हैं
जगा के ख़ाक की क़िस्मत, शहीद सोये हैं
कहीं की फ़ौज सही, इस तरफ़ का रुख़ न करे
यहाँ ज़मीन में बम मनचलों ने बोये हैं

उभरती इन्सानियत की तौहीन है तशद्दुद[29] की हुक्मरानी
जबीने-तारीख़[30] पर है इक दाग़ आज की मुतलक़ुल-अनानी[31]
तुम्हारे हमराह फ़त्हो-नुसरत,[32] तुम्हारे क़दमों में कामरानी[33]
मुजाहिदो, वो है राजधानी

[1948]

27. क्यारी-क्यारी, 28. फूल सजाने की कला, 29. हिंसा, 30. इतिहास का ललाट, 31. निरंकुश सत्ता, 32. विजय और समर्थन, 33. सफलता।

मकान

आज की रात बहुत गर्म हवा चलती है
आज की रात न फ़ुटपाथ प नींद आयेगी
सब उठो, मैं भी उठूँ, तुम भी उठो, तुम भी उठो
कोई खिड़की इसी दीवार में खुल जायेगी

ये ज़मीं तब भी निगल लेने प आमादा थी
पाँव जब टूटती शाख़ों से उतारे हमने
इन मकानों को ख़बर है, न मकीनों[1] को ख़बर
उन दिनों की जो गुफाओं में गुज़ारे हमने

हाथ ढलते गये साँचे में तो थकते कैसे
नक़्श[2] के बाद नये नक़्श निखारे हमने
की ये दीवार बलन्द, और बलन्द, और बलन्द
बामो-दर[3] और ज़रा और सँवारे हमने

आँधियाँ तोड़ लिया करती थीं शम्ओं की लवें
जड़ दिये इसलिए बिजली के सितारे हमने
बन गया क़स्र[4] तो पहरे पे कोई बैठ गया
सो रहे ख़ाक प हम शोरिशे-तामीर[5] लिये

अपनी नस-नस में लिये मेहनते-पैहम[6] की थकन
बन्द आँखों में इसी क़स्र की तस्वीर लिये
दिन पिघलता है इसी तरह सरों पर अब तक
रात आँखों में खटकती है सियह तीर लिये

---

1. मकान में रहनेवाले, 2. आकृति, 3. छत और दरवाज़े, 4. महल, 5. निर्माण का कोलाहल, 6. निरन्तर श्रम।

आज की रात बहुत गर्म हवा चलती है
आज की रात न फ़ुटपाथ पे नींद आयेगी
सब उठो, मैं भी उठूँ, तुम भी उठो, तुम भी उठो
कोई खिड़की इसी दीवार में खुल जायेगी

[1962]

आवारा सज्दे

(कम्युनिस्ट इकाई के टूटने पर)

इक यही सोज़े-निहाँ[1] कुल मेरा सरमाया[2] है
दोस्तो, मैं किसे ये सोज़े-निहाँ नज़्र[3] करूँ

कोई क़ातिल सरे-मक़्तल[4] नज़र आता ही नहीं
किसको दिल नज़्र करूँ और किसे जाँ नज़्र करूँ
तुम भी महबूब मेरे, तुम भी हो दिलदार[5] मेरे
आशना[6] मुझसे मगर तुम भी नहीं, तुम भी नहीं
ख़त्म है तुम प मसीहानफ़सी,[7] चारागरी[8]
महरमे-दर्दे-जिगर,[9] तुम भी नहीं, तुम भी नहीं
अपनी लाश आप उठाना कोई आसान नहीं
दस्तो-बाज़ू[10] मेरे नाकारा हुए जाते हैं
जिनसे हर दौर में चमकी है तुम्हारी दहलीज़
आज सज्दे वही आवारा हुए जाते हैं

दूर मंज़िल थी, मगर ऐसी भी कुछ दूर न थी
ले के फिरती रही रस्ते ही में वहशत[11] मुझको
एक ज़ख़्म ऐसा न खाया कि बहार आ जाती
दार[12] तक ले के गया शौक़े-शहादत मुझको
राह में टूट गये पाँव तो मालूम हुआ
जुज़[13] मेरे और मेरा रहनुमा[14] कोई नहीं

एक के बाद ख़ुदा एक चला आता था
कह दिया अक़्ल ने तंग आके ख़ुदा कोई नहीं

[1962]

---

1. छुपी हुई तपिश या पीड़ा, 2. पूँजी, 3. भेंट, 4. वध-स्थल पर, 5. प्रिय, 6. परिचित, 7. ईसा मसीह की साँस का गुण, जो मुर्दे जिला देता था, 8. उपचार, इलाज, 9. जिगर का दर्द जाननेवाला, 10. हाथ और भुजाएँ, 11. उन्माद, 12. फाँसी, सूली, 13. अलावा, 14. मार्गदर्शक।

नेहरू

मैंने तनहा[1] कभी उसको देखा नहीं
फिर भी जब उसको देखा वो तनहा मिला
जैसे सहरा[2] में चश्मा[3] कहीं
या समन्दर में मीनारे-नूर[4]
या कोई फ़िक्र[5] औहाम[6] में
फ़िक्र सदियों अकेली अकेली रही
ज़ेहन सदियों अकेला अकेला मिला

और अकेला-अकेला भटकता रहा
हर नये हर पुराने ज़माने में वो
बे-ज़बाँ तीरगी[7] में कभी
और कभी चीख़ती धूप में
चाँदनी में कभी ख़्वाब की
उसकी तक़दीर थी इक मुसलसल[8] तलाश
ख़ुद को ढूँढा किया हर फ़साने[9] में वो

बोझ से अपने उसकी कमर झुक गयी
क़द मगर और कुछ और बढ़ता रहा
ख़ैरो-शर[10] की कोई जंग हो
ज़िन्दगी का हो कोई जिहाद[11]
वो हमेशा हुआ सबसे पहले शहीद
सबसे पहले वो सूली प चढ़ता रहा

---

1. अकेला, 2. रेगिस्तान, 3. सोता, झरना, 4. प्रकाश-स्तम्भ, 5. विचार, 6. अन्धविश्वास, भ्रम (वहम का बहुवचन), 7. अँधेरा, 8. लगातार, 9. कहानी, 10. कल्याण और उत्पात, 11. युद्ध,

जिन तक़ाज़ों[12] ने उसको दिया था जनम
उनकी आग़ोश[13] में फिर समाया न वो
ख़ून में वेद गूँजे हुए
और जबीं[14] पर फ़रोज़ाँ[15] अज़ाँ[16]
और सीने पे रक़्साँ[17] सलीब[18]
बे-झिझक सब के क़ाबू में आता गया
और किसी के भी क़ाबू में आया न वो

हाथ में उसके क्या था जो देता हमें
सिर्फ़ इक कील, उस कील का इक निशाँ
नशा-ए-मय[19] कोई चीज़ है
इक घड़ी दो घड़ी, एक रात
और हासिल वही दर्द-ए-सर
उसने ज़िन्दाँ[20] में लेकिन पिया था जो ज़हर
उठ के सीने से बैठा न उसका धुआँ

[मई, 1964]

---

12. माँगों, 13. गोद, 14. माथा, 15. दीप्त, आलोकित, 16. समाज का बुलावा, 17. नाचती हुई, 18. सूली, 19. शराब का नशा, 20. कारागार।

आख़िरी रात

चाँद टूटा पिघल गये तारे
क़तरा-क़तरा टपक रही है रात
पलकें आँखों प झुकती आती हैं
अँखड़ियों में खटक रही है रात
आज छेड़ो न कोई अफ़साना
आज की रात हमको सोने दो

खुलते जाते हैं सिमटे सुकड़े जाल
घुलते जाते हैं ख़ून में बादल
अपने गुलनार[1] पंख फैलाये
आ रहे हैं इसी तरफ़ जंगल
गुल करो शम्अ, रख दो पैमाना
आज की रात हमको सोने दो

शाम से पहले मर चुका था शहर
कौन दरवाज़ा खटखटाता है
और ऊँची करो ये दीवारें
शोर आँगन में आया जाता है
कह दो है आज बन्द मयख़ाना
आज की रात हमको सोने दो

जिस्म-ही-जिस्म हैं, कफ़न-ही-कफ़न
बात सुनते न सर झुकाते हैं

---

1. अनार के फूल का रंग,

अम्न की ख़ैर, कोतवाल की ख़ैर
मुर्दे क़ब्रों से निकले आते हैं
कोई अपना न कोई बेगाना[2]
आज की रात हमको सोने दो
कोई कहता था, ठीक कहता था
सरकशी[3] बन गयी है सबका शिआर[4]
क़त्ल पर जिनको एतिराज़ न था
दफ़्न होने को क्यों नहीं तैयार
होशमन्दी[5] है आज सो जाना
आज की रात हमको सोने दो

[जून, 1964]

---

2. पराया, 3. विद्रोह, 4. आदत, स्वभाव, सजगता, समझदारी।

आदत

मुद्दतों मैं इक अन्धे कुएँ में असीर[1]
सर पटकता रहा, गिड़गिड़ाता रहा
रौशनी चाहिए, चाँदनी चाहिए, ज़िन्दगी चाहिए
रौशनी प्यार की, चाँदनी यार की, ज़िन्दगी दार[2] की

अपनी आवाज़ सुनता रहा रात-दिन
धीरे-धीरे यक़ीं दिल को आता रहा
सूने संसार में
बे-वफ़ा यार में
दामने-दार[3] में
रौशनी भी नहीं
चाँदनी भी नहीं
ज़िन्दगी भी नहीं
ज़िन्दगी एक रात
वाहमा[4] कायनात[5]
आदमी बे-सबात[6]
लोग कोताह क़द
शहर शहूरे-हसद[7]
गाँव इनसे भी बद।
इन अँधेरों ने जब पीस डाला मुझे
फिर अचानक कुएँ ने उछाला मुझे
अपने सीने से बाहर निकाला मुझे

---

1. बन्दी, 2. फाँसी, 3. फाँसी की गोद, 4. भ्रम, 5. सृष्टि, 6. नश्वर, क्षणभंगुर, 7. ईर्ष्या के नगर

सैकड़ों मिस्र थे सामने
सैकड़ों उसके बाज़ार थे

एक बूढ़ी ज़ुलेख़ा नहीं
जाने कितने ख़रीदार थे
बढ़ता जाता था यूसुफ़ का मोल
लोग बिकने को तैयार थे
खुल गए महजबीनों[8] के सर
रेशमी चादरें हट गयीं
पलकें झपकीं न नज़रें झुकीं
मरमरीं[9] उँगलियाँ कट गयीं
हाथ दामन तक आया कोई
धज्जियाँ दूर तक बट गयीं

मैंने डर के लगा दी कुएँ में छलाँग
सर पटकने लगा फिर उसी कर्ब[10] से
फिर उसी दर्द से गिड़गिड़ाने लगा
रौशनी चाहिए, चाँदनी चाहिए, ज़िन्दगी चाहिए

[1965]

---

8. चन्द्रमुखी, जिसका माथा चाँद जैसा उज्जवल हो, 9. संगमरमर जैसी श्वेत, गोरी, 10. पीड़ा।

दायरा

रोज़ बढ़ता हूँ जहाँ से आगे
फिर वहीं लौट के आ जाता हूँ
बारहा तोड़ चुका हूँ जिनको
इन्हीं दीवारों से टकराता हूँ
रोज़ बसते हैं कई शहर नये
रोज़ धरती में समा जाते हैं
ज़लज़लों[1] में थी ज़रा-सी गर्मी
वो भी अब रोज़ ही आ जाते हैं

जिस्म से रूह तलक रेत-ही-रेत
न कहीं धूप, न साया, न सराब[2]
कितने अरमान हैं किस सहरा[3] में
कौन रखता है मज़ारों[4] का हिसाब
नब्ज़ बुझती भी भड़कती भी है
दिल का मामूल[5] है घबराना भी
रात अँधेरे ने अँधेरे से कहा
एक आदत है जिये जाना भी

क़ीस[6] इक रंग की होती है तुलूअ[7]
एक ही चाल भी पैमाने की
गोशे-गोशे[8] में खड़ी है मस्जिद
शक्ल क्या हो गयी मयख़ाने की

---

1. भूकम्पों, 2. मृगतृष्णा, 3. मरुस्थल, 4. क़ब्रों, 5. स्वाभाविक आचरण, 6. इन्द्रधनुष, 7. उदय, 8. कोने-कोने,

कोई कहता था समन्दर हूँ मैं
और मेरी जेब में क़तरा भी नहीं
ख़ैरियत अपनी लिखा करता हूँ
अब तो तक़दीर में ख़तरा भी नहीं
अपने हाथों को पढ़ा करता हूँ
कभी क़ुरआँ[9], कभी गीता की तरह
चन्द रेखाओं में सीमाओं में
ज़िन्दगी क़ैद है सीता की तरह
राम कब लौटेंगे, मालूम नहीं
काश रावन ही कोई आ जाता

[1965]

9. क़ुरान।

इब्ने-मरियम

तुम ख़ुदा हो
ख़ुदा के बेटे हो
या फ़क़त अम्न के पयम्बर हो
या किसी का हसीं तख़य्युल[1] हो
जो भी हो मुझको अच्छे लगते हो
मुझको सच्चे लगते हो

इस सितारे में, जिसमें सदियों के
झूट और किज़्ब[2] का अँधेरा है
इस सितारे में, जिसको हर रुख़ से
रेंगती सरहदों ने घेरा है
इस सितारे में, जिसकी आबादी
अम्न बोती है जंग काटती है
रात पीती है नूर[3] मुखड़ों का
सुब्ह[4] सीनों का ख़ून चाटती है
तुम न होते तो जाने क्या होता

तुम न होते तो इस सितारे में
देवता, राक्षस, ग़ुलाम, इमाम,
पारसा[5], रिन्द,[6] राहबर,[7] रहज़न[8]
बिरहमन, शैख़, पादरी, भिक्षु
सभी होते मगर हमारे लिये
कौन चढ़ता ख़ुशी से सूली पर

---

1. कल्पना, 2. मक्कारा, 3. ज्योति, चमक, 4. प्रातःकाल, 5. पवित्र आत्मा, 6. शराबी, 7. पथ-प्रदर्शक, 8. बअअमार, लुटेरे।

झोंपड़ों में घिरा ये वीराना
मछलियाँ दिन में सूखती हैं जहाँ
बिल्लियाँ दूर बैठी रहती हैं
और ख़ारिशज़दा[9] से कुछ कुत्ते
लेटे रहते हैं बे-नियाज़ाना[10]
दुम मरोड़े कि कोई सर कुचले
काटना क्या, वो भूंकते भी नहीं

और जब वो दहकता अंगारा
छन से सागर में डूब जाता है
तीरगी[11] ओढ़ लेती है दुनिया
कश्तियाँ कुछ किनारे आती हैं
भंग, गाँजा, चरस, शराब, अफ़्यून
जो भी लायें, जहाँ से भी लायें
दौड़ते हैं इधर से कुछ साये
और सब-कुछ उतार लाते हैं

गाड़ी जाती है अद्ल[12] की मीज़ान[13]
जिसका हिस्सा उसी को मिलता है
यहाँ ख़तरा नहीं ख़यानत[14] का
तुम यहाँ क्यों खड़े हो मुद्दत से
ये तुम्हारी थकी-थकी भेड़ें
रात जिनको ज़मीं के सीने पर
सुब्ह होते उँडेल देती है
मण्डियों, दफ़्तरों, मिलों की तरफ़

---

9. खुजली रोग से पीड़ित, 10. निश्चिन्त, 11. अँधेरा, 12. न्याय, 13. तराज़ू, 14. बेईमानी, विश्वासघात।

हाँक देती, ढकेल देती है
रास्ते में ये रुक नहीं सकतीं
तोड़ के घुटने झुक नहीं सकतीं
इनसे तुम क्या तवक़्क़ो[15] रखते हो
भेड़िया इनके साथ चलता है

तकते रहते हो उस सड़क की तरफ़
दफ़्न जिसमें कई कहानियाँ हैं
दफ़्न जिसमें कई जवानियाँ हैं
जिस प इक साथ भागी फिरती हैं
ख़ाली जेबें भी और तिजोरियाँ भी
जाने किसका है इन्तिज़ार तुम्हें

मुझको देखो कि मैं वही तो हूँ
जिसको कोड़ों की छाँव में दुनिया
बेचती भी ख़रीदती भी थी

मुझको देखो कि मैं वही तो हूँ
जिसको खेतों से ऐसे बाँधा था
जैसे मैं उनका एक हिस्सा था
खेत बिकते तो मैं भी बिकता था

मुझको देखो कि मैं वही तो हूँ
कुछ मशीनें बनायीं जब मैंने
उन मशीनों के मालिकों ने मुझे
बे-झिझक उनमें ऐसे झोंक दिया
जैसे मैं कुछ नहीं हूँ ईंधन हूँ

---

15. अपेक्षा।

मुझको देखो कि मैं थका-हारा
फिर रहा हूँ युगों से आवारा
तुम यहाँ से हटो तो आज की रात
सो रहूँ मैं इसी चबूतरे पर
तुम यहाँ से हटो ख़ुदा के लिए

जाओ, वो वियतनाम के जंगल
उसके मसलूब[16] शहर, ज़ख़्मी गाँव
जिनको इंजील[17] पढ़नेवालों ने
रौंद डाला है फूँक डाला है
जाने कब से पुकारते हैं तुम्हें

जाओ, इक बार फिर हमारे लिये
तुमको चढ़ना पड़ेगा सूली पर

[1965]

16. सलीब (सूली) पर चढ़ाये गये, 17. बाइबिल।

फ़र्ज

और फिर कृष्ण ने अर्जुन से कहा--

न कोई भाई, न बेटा, न भतीजा, न गुरु
एक ही शक्ल उभरती है हर आईने में
आत्मा मरती नहीं, जिस्म बदल लेती है
धड़कन इस सीने की जा छुपती है उस सीने में

जिस्म लेते हैं जनम, जिस्म फ़ना होते हैं
और जो इक रोज़ फ़ना होगा, वो पैदा होगा
इक कड़ी टूटती है, दूसरी बन जाती है
ख़त्म ये सिलसिला-ए-ज़िन्दगी फिर क्या होगा

रिश्ते सौ, ज़ज़्बे भी सौ, चेहरे भी सौ होते हैं
फ़र्ज़ सौ चेहरों में शक्ल अपनी ही पहचानता है
वही महबूब, वही दोस्त, वही एक अज़ीज़
दिल जिसे इश्क़, और इदराक अमल मानता है

ज़िन्दगी सिर्फ़ अमल, सिर्फ़ अमल, सिर्फ़ अमल
और ये बेदर्द अमल, सुल्ह भी है, जंग भी है
अम्न की मोहिनी तस्वीर में है जितने रंग
उन्हीं रंगों में छुपा खून का इक रंग भी है

ख़ौफ़ के रूप कई होते हैं, अन्दाज़ कई
प्यार समझा है जिसे, ख़ौफ़ है वो प्यार नहीं
उँगलियाँ और गड़ा, और जकड़, और जकड़
आज महबूब का बाज़ू है ये तलवार नहीं

---

1. नष्ट, 2. ज्ञान, 3. कर्म, 4. भय।

जंग रहमत है कि लानत, पर सवाल अब न उठा
जंग जब आ ही गयी सर प तो रहमत होगी
दूर से देख न भड़के हुए शोलों का जलाल
इसी दोज़ख के किसी कोने में जन्नत होगी

ज़ख़्म खा, ज़ख़्म लगा, ज़ख़्म हैं किस गिनती में
फ़र्ज़ ज़ख़्मों को भी चुन लेता है, फूलों की तरह
न कोई रंज, न राहत, न सिले की परवा
पाक हर गर्द से रख दिल की रसूलों की तरह

ये पड़ोसी जो मुहब्बत का चलन भूल गये
इनमें भाई भी हैं, बेटे भी हैं अहबाब भी हैं
जानते हैं सभी कुछ नहीं हथियार मगर
हमसे लड़-मरने को तैयार भी, बेताब भी हैं

हमने चाहा था रहें साथ दिलों-जाँ की तरह
वो मगर इसको सियासत-ही-सियासत समझे
हमने चाहा था अलग होके भी नज़दीक रहें
वो मगर इसको कोई ताज़ा शरारत समझे

हमने चाहा था लड़ाई न छिड़े, जंग न हो
वो समझ बैठे कमज़ोर हैं, लाचार हैं हम
हमने चाहा था मुहब्बत से चुका लें झगड़े
वो समझ बैठे मफ़लूज़ हैं बेकार हैं हम

कितनी तारीक समझ, कितना गिराँ-ख़्वाब ज़मीर
कि जगाना कोई चाहे तो जगाये न बने

---

5. ईश्वर की कृपा, 6. नरक, 7. मित्र (हबीब का बहुवचन), 8. अपंग, अपाहिज, 9. अन्धकारमय, 10. गहरी नींद सोया हुआ, 11. अंतःकरण।।

असलहे सिर प उठाये हुए यों फिरते हैं
कोई पूछे कि ये क्या है तो छुपाये न बने

हम अहिंसा के पुजारी सही, दीवाने सही
जंग होती है फ़क़त जंग के ऐलान के बाद
हाथ भी उनसे मिलें, दिल भी मिलें, नज़रें भी
अब ये अरमान हैं सब फ़त्ह के अरमान के बाद

साथियो, दोस्तो, हम आज के अुर्जन ही तो हैं
हमसे भी कृष्ण यही कहते हैं-

(1965)

---

1. अस्त्र-शस्त्र।

दोपहर

ये जीत-हार तो इस दौर का मुक़द्दर है
ये दौर जो कि पुराना नहीं, नया भी नहीं
ये दौर जो कि सज़ा भी नहीं, जज़ा[1] भी नहीं
ये दौर जिसका बज़ाहिर कोई ख़ुदा भी नहीं
तुम्हारी जीत अहम[2] है न मेरी हार अहम
कि इब्तिदा[3] भी नहीं है, ये इन्तिहा[4] भी नहीं
शुरू मारिका-ए-जाँ[5] अभी हुआ भी नहीं
शुरू हो तो ये हंगामे-फ़ैसला[6] भी नहीं
पयामे-ज़ेरे-लब[7] अब तक है सूरे-इसराफ़ील[8]
सुना किसी ने, किसी ने अभी सुना भी नहीं
किया किसी ने, किसी ने यक़ीं किया भी नहीं
उठा ज़मीन से कोई, कोई उठा भी नहीं
ये कारवाँ है तो अंजामे-कारवाँ[9] मालूम
कि अजनबी भी नहीं कोई आशना[10] भी नहीं
किसी से ख़ुश भी नहीं है कोई ख़फ़ा भी नहीं
किसी का हाल कोई मुड़ के पूछता भी नहीं

[1965]

---

1. पुण्यफल, उपकार, 2. महत्त्वपूर्ण, 3. आदि, आरम्भ, 4. अन्त, 5. जान की लड़ाई, 6. निर्णय का क्षण, 7. दबे स्वर में दिया गया सन्देश, 8. प्रलय-घोष (क़यामत के समय इस्राफ़ील फ़रिश्ता सूर फूँकेगा), 9. कारवाँ का परिणाम, 10. परिचित।

बहुरूपिनी

एक गर्दन प सैकड़ों चेहरे
और हर चेहरे पर हज़ारों दाग़
और हर दाग़ बन्द दरवाज़ा
रौशनी इनसे आ नहीं सकती
रौशनी इनसे जा नहीं सकती

तंग सीना है हौज़, मस्जिद का
दिल वो दोना पुजारियों के बाद
चाटते रहते हैं जिसे कुत्ते
कुत्ते दोना जो चाट लेते हैं
देवताओं को काट लेते हैं

जाने किस कोख ने जना इसको
जाने किस सहन[1] में जवान हुई
जाने किस देस से चली कमबख़्त
वैसे ये हर ज़बान बोलती है
ज़ख़्म खिड़की की तरह खोलती है

और कहती है झाँककर दिल में
तेरा मज़हब, तेरा अज़ीम[2] ख़ुदा
तेरी तहज़ीब[3] के हसीन सनम[4]
सब को ख़तरे ने आज घेरा है
बाद उनके जहाँ अँधेरा है

---

1. आँगन, 2. महान्, 3. सभ्यता, 4. मूर्ति, महबूब,

सर्द हो जाता है लहू मेरा
बन्द हो जाती हैं खुली आँखें
ऐसा लगता जैसे दुनिया में
सभी दुश्मन हैं कोई दोस्त नहीं
मुझको ज़िन्दा निगल रही है ज़मीं

ऐसा लगता है राक्षस कोई
एक गागर कमर में लटकाकर
आस्माँ पर चढ़ेगा आख़िरे-शब[5]
नूर सारा निचोड़ लायेगा
मेरे तारे भी तोड़ लायेगा

ये जो धरती का फट गया सीना
और बाहर निकल पड़े हैं जुलूस
मुझसे कहते हैं तुम हमारे हो
मैं अगर इनका हूँ, तो मैं क्या हूँ
मैं किसी का नहीं हूँ, अपना हूँ

मुझको तन्हाई ने दिया है जनम
मेरा सब-कुछ अकेलेपन से है
कौन पूछेगा मुझको मेले में
साथ जिस दिन क़दम बढ़ाऊँगा
चाल मैं अपनी भूल जाऊँगा

ये और ऐसे ही चन्द और सवाल
ढूँढने पर भी आज तक मुझको
जिनके माँ-बाप का मिला न सुराग़
ज़ेहन में ये उँडेल देती है
मुझको मुट्ठी में भींच लेती है

---

5. रात्रि का अन्त, निशान्त,

चाहता हूँ कि क़त्ल कर दूँ इसे
वार लेकिन जब इस पे करता हूँ
मेरे सीने प ज़ख़्म उभरते हैं
मेरे माथे से ख़ूँ टपकता है
जाने क्या मेरा इसका रिश्ता है

आँधियों में अज़ान दी मैंने
शंख फूँका अँधेरी रातों में
घर के बाहर सलीब लटकायी
एक-इक दर से इसको ठुकराया
शहर से दूर जाके फेंक आया

और ऐलान कर दिया कि उठो
बर्फ़-सी जम गयी है सीनों में
गर्म बोसों से इसको पिघला दो
कर लो जो भी गुनाह वो कम है
आज की रात जश्ने-आदम[6] है

ये मेरी आस्तीन से निकली
रख दिया दीड़ के चिराग़ प हाथ
मल दिया फिर अँधेरा चेहरे पर
होंठ से दिल की बात लौट गयी
दर तक आ के बरात लौट गयी

इसने मुझको अलग बुला के कहा
आज की ज़िन्दगी का नाम है ख़ौफ़
ख़ौफ़ ही वो ज़मीन है जिसमें
फ़िरक़े[7] उगते हैं, फ़िरक़े पलते हैं
धारे सागर से कटके चलते हैं

---

6. मानव-उत्सव,

ख़ौफ़ जब तक दिलों में बाक़ी है
सिर्फ़ चेहरा बदलते रहना है
सिर्फ़ लहजा[8] बदलते रहना है
कोई मुझको मिटा नहीं सकता
जश्ने-आदम मना नहीं सकता

---

7. सम्प्रदाय, 8. स्वर।

नज़राना[1]

तुम परेशान न हो, बाबे-करम[2] वा[3] न करो
और कुछ देर पुकारूँगा चला जाऊँगा
इसी कूचे में जहाँ चाँद उगा करते हैं
शबे-तारीक[4] गुज़ारूँगा, चला जाऊँगा

रास्ता भूल गया या यहाँ मंज़िल है मेरी
कोई लाया है कि ख़ुद आया हूँ मालूम नहीं
कहते हैं हुस्न की नज़रें भी हसीं होती हैं
मैं भी कुछ लाया हूँ, क्या लाया हूँ, मालूम नहीं

यूँ तो जो कुछ था मेरे पास मैं सब बेच आया
कहीं इनाम मिला, और कहीं क़ीमत भी नहीं
कुछ तुम्हारे लिये आँखों में छुपा रखा है
देख लो और न देखो तो शिकायत भी नहीं

एक तो इतनी हसीं दूसरे ये आराइश[5]
जो नज़र पड़ती है चेहरे प ठहर जाती है
मुस्करा देती हो रस्मन[6] भी अगर महफ़िल में
इक धनक टूट के सीनों में बिखर जाती है

गर्म बोसों[7] से तराशा हुआ नाज़ुक पैकर[8]
जिसकी इक आँच से हर रूह पिघल जाती है

---

1. उपहार, भेंट, 2. कृपा-द्वार, 3. खोलना, 4. अँधेरी रात, 5. सजावट, 6. औपचारिक रूप से, 7. चुम्बन, 8. शरीर, बदन।

मैंने सोचा है तो सब सोचते होंगे शायद
प्यास इस तरह भी क्या साँचे में ढल जाती है

क्या कमी है जो करोगी मेरा नज़राना क़बूल
चाहनेवाले बहुत, चाह के अफ़साने बहुत
एक ही रात सही गर्मी-ए-हंगाम-ए-इश्क़[9]
एक ही रात में जल मरते हैं परवाने बहुत

फिर भी इक रात में सौ तरह के मोड़ आते हैं
काश तुमको कभी तनहाई का एहसास न हो
काश ऐसा न हो घेरे रहे दुनिया तुमको
और इस तरह कि जिस तरह कोई पास न हो

आज की रात जो मेरी ही तरह तनहा है
मैं किसी तरह गुज़ारूँगा चला जाऊँगा
तुम परेशान न हो, बाबे-करम वा न करो
और कुछ देर पुकारूँगा चला जाऊँगा

---

9. इश्क़े-हंगामे की गर्मी।

आईना

आईना तोड़ दिया, तोड़ दिया, तोड़ दिया
शक्ल एक बार ज़रा देख तो लो
देखो, अब कैसी नज़र आती हो
फिर वही आँखों में रंग आता है
या झिझक जाती हो, डर जाती हो

इसी आईने में देखा था वो हुस्न
जिसका दुश्वार[1] यक़ीं होता है
और पूछा था बड़े नाज़ के साथ
कोई इतना भी हसीं होता है

इसमें आईने की खूबी तो नहीं
हुस्न जब था तो नजर आया था
पा चुकी थी तुम्हें दुनिया लेकिन
तुमने अपने को कहाँ पाया था

और जब अपने को पाया तुमने
जाने आईने को क्यों तोड़ दिया
हादसा[2] ये भी नहीं है लेकिन
देखना अपने को क्यों छोड़ दिया

शक्ल एक बार ज़रा देख तो लो
देखो, अब कैसी नजर आती हो

---

1. कठिन, 2. दुर्घटना

ग़ज़ल

बस एक झिझक है यही हाले-दिल सुनाने में
कि तेरा ज़िक्र भी आयेगा इस फ़साने में

बरस पड़ी थी जो रुख़ से नक़ाब उठाने में
वो चाँदनी है अभी तक ग़रीबख़ाने में

उसी में इश्क़ की क़िस्मत बदल भी सकती थी
जो वक़्त बीत गया मुझको आज़माने में

ये कहके टूट गया शाख़े-गुल से आख़िरी फूल
अब और देर है कितनी बहार आने में।

ग़ज़ल

सुना करो मेरी जाँ, इनसे, उनसे अफ़साने
सब अजनबी हैं यहाँ कौन किसको पहचाने
यहाँ से जल्द गुज़र जाओ क़ाफ़िलेवालो!
हैं मेरी प्यास के फूँके हुए ये वीराने
मेरे जुनूने-परस्तिश[1] से तंग आ गये लोग
सुना है बन्द किये जा रहे हैं बुतख़ाने[2]
जहाँ से पिछले पहर कोई तश्नाकाम[3] उठा
वहीं प तोड़े हैं यारों ने आज पैमाने
बहार आये तो मेरा सलाम कह देना
मुझे तो आज तलब कर लिया है सहरा[4] ने

हुआ है हुक्म कि 'कैफ़ी' को संगसार[5] करो
मसीह[6] बैठे हैं छुप के कहाँ ख़ुदा जाने

---

1. उपासना का उन्माद, 2. उपासनागृह, मन्दिर, 3. प्यासा, 4. मरुस्थल, 5. पत्थर से मारना, 6. ईसा, जिन्होंने आदेश दिया था कि पहला पत्थर वह मारे जिसने स्वयं कोई पाप न किया हो।

ग़ज़ल

पत्थर के ख़ुदा वहाँ भी पाये
हम चाँद से आज लौट आये

दीवारें तो हर तरफ़ खड़ी हैं
क्या हो गये मेहरबान[1] साये

जंगल की हवाएँ आ रही हैं
काग़ज़ का ये शहर उड़ न जाये

लैला ने नया जनम लिया है
है क़ैस[2] कोई जो दिल लगाये

है आज ज़मीं का ग़ुस्ले-सेहत[3]
जिस दिल में हो जितना ख़ून लाये

सहरा-सहरा[4] लहू के ख़ेमे
फिर प्यासे लबे-फ़ुरात[5] आये

---

1. कृपालु, 2. मजनूँ, 3. स्वास्थ्य-लाभ के बाद पहला स्नान। 4. हर मरुस्थल में, 5. फ़रात नदी के किनारे।

दूसरा तूफ़ान

और फिर एक रात ऐसी आयी
मयकदे[1] बुझ गये
सारे आतिशकदे[2] बुझ गये
मयकदों और आतिशकदों के रक़ीब[3]
इक मुजाहिद[4] अदीब[5]
ज़िन्दगी के लिए
जो हमेशा मशीयत[6] से लड़ता रहा
आदमी के लिए
जो ख़ुदा का गरेबाँ पकड़ता रहा
लड़ते-लड़ते वो इक रोज़ चुप हो गया
अपने ही इक सहीफ़े[7] से मुँह ढाँप के सो गया
लेकिन उसका क़लम
जिसके सौ नाम हैं
जिसके सौ काम हैं
लड़ रहा है उसी ढंग से आज तक
चल रहा है उसी रंग से आज तक
गाह[8] इस हाथ में
गाह उस हाथ में
चलते-चलते कई उँगलियाँ मुड़ गयीं
और कई उँगलियों ने बुनीं
नित नयी साज़िशें
नित नयी रस्सियाँ

---

1. मदिरालय, 2. पारसियों का उपासना गृह, 3. प्रतिद्वन्द्वी, 4. संघर्ष (जिहाद) करनेवाला, 5. साहित्यकार, 6. दैवशक्ति, ईश्वर की इच्छा, 7. पुस्तक, 8. कभी,

और फिर उसको सूली पर लटका दिया
अर्श[9] से कोई पैग़ाम आया नहीं
आसमानों प उसको बुलाया नहीं
उसकी टूटी हुई पसलियों से मगर
इस तरह ख़ून रिसने-टपकने लगा
रस्सियाँ जल गयीं
साज़िशें गल गयीं
नूह[10] के अह्द[11] का ये फ़साना नहीं
आज की बात है
उसने नोके-ज़बाँ[12] पर समन्दर उठाया
उठाकर फ़ज़ाओं में फैला दिया
कुर-ए-अर्ज़[13] को ले के मिनक़ार[14] में
यूँ उछाला ख़लाओं[15] में लटका दिया
दश्तो-दर[16] काँप उठे
बह्रो-बर[17] काँप उठे
बे-ख़बर काँप उठे
बा-ख़बर काँप उठे
ये वो तूफ़ाँ नहीं डूब जाती है जिसमें ज़मीं
इसमें डूबी ज़मीनें उभर आती हैं

[मार्च, 1968]

---

9. आकाश, 10. पैगम्बार नूह, जिनके समय में प्रलयंकर तूफ़ान आया था और जिन्होंने अपनी किश्ती में हर जाति के प्राणी का एक-एक जोड़ा बचा लिया था जिससे प्राणी जगत् का क्रम चलता रहा, 11. युग, 12. जिह्वा की नोक, 13. भूमण्डल, 14. चोंच, 15. शून्य, 16. जंगल और बस्ती, 17. जल-थल।

पहरा

अज़्म[1] का कोहे-गराँ[2], दर्द की दीवार हैं हम
ज़ख़्म का ज़ख़्म हैं, तलवार की तलवार हैं हम
जैसे झपकी नहीं सदियों से ये बोझिल पलकें
आज की रात कुछ इस तरह से बेदार[3] हैं हम
जाल सरहद से उठा, जाल बिछानेवाले

जब मिली आँख, मिली मौत का नज़्राना लिये
जब हिले होंठ, हिले ज़हर का पैमाना लिये
ख़ून बहता है तो बन जाती है तस्वीर तेरी
जंग इस हाथ में, उस हाथ में वीराना लिये
तुझ-सा देखा न सुना, ख़ून बहानेवाले

ज़िन्दगी तेरे तसव्वुर[4] से भी घबराती है
इतना नज़दीक न आ साँस घुटी जाती है
तूने सोने के कटोरे में ये क्या शै[5] पी ली
गर्म साँसों से सड़े ख़ून की बू आती है
मुंह उधर फेर ज़रा, प्यार जतानेवाले

तेरा एहसान जो लें अपनी बहारें भूलें
खेत में क़हत उगें, बाग़ में संकट फूलें
प्यास बन जाये मुक़द्दर, जो पियें तेरी शराब
आबले[6] हाथ में पड़ जायें जो साग़र[7] छू लें
ये रहा जाम तेरा, ज़हर पिलानेवाले

---

1. दृढ़ संकल्प, 2. अटल पर्वत, 3. जागे हुए, 4. कल्पना, 5. चीज़, 6. छाले, 7. मदिरा का प्याला।

क़िस्मतें बनके तेरे दम से बिगड़ जाती हैं
बस्तियाँ दिल की तरह बस के उजड़ जाती हैं
तेल पी लेती है आँसू की तरह डर के ज़मीं
मंडियाँ तेरी भनक पा के सुकुड़ जाती हैं
सिक्का खोटा है तेरा दाँव लगानेवाले

नर्म शाख़ों ने लचकने की सज़ा पायी है
एक इक फूल को तरसा के बहार आयी है
तारे उतरे हैं ज़मीं पर कि खिला है बेला
ढाक फूला है कि शोलों की घटा छायी है
है बहुत गर्म फ़ज़ा, शाख़ झुकानेवाले

हम वो राही हैं जो मंज़िल की ख़बर रखते हैं
पाँव काँटों प, शगूफ़ों[8] प नज़र रखते हैं
कितनी रातों से निचोड़ा है उजाला हमने
रात की क़ब्र प बुनियादे-सहर[9] रखते हैं
ओ अँधेरे के ख़ुदा, शम्अ[10] बुझानेवाले

[1969]

---

8. कलियों, 9. प्रभात की नींव, 10. मोमबत्ती।

प्यार का जश्न

प्यार का जश्न नयी तरह मनाना होगा
ग़म किसी दिल में सही ग़म को मिटाना होगा

काँपते होंठों प पैमाने-वफ़ा[1], क्या कहना
तुझको लायी है कहाँ लग़्ज़िशे-पा[2] क्या कहना
मेरे घर में तेरे मुखड़े की ज़िया[3], क्या कहना
आज हर घर का दीया मुझको जलाना होगा

रूह चेहरों प धुआँ देखकर शर्माती है
झेंपी-झेंपी-सी मेरे लब प हँसी आती है
तेरे मिलने की ख़ुशी दर्द बनी जाती है
हमको हँसना है तो औरों को हँसाना होगा

सोयी-सोयी हुई आँखों में छलकते हुए जाम[4]
खोयी-खोयी हुई नज़रों में मुहब्बत का पयाम[5]
लबे शीरीं[6] प मेरी तिश्नालबी[7] का इनआम
जाने इनआम मिलेगा कि चुराना होगा

मेरी गर्दन में तेरी सन्दली[8] बाँहों का ये हार
अभी आँसू थे इन आँखों में अभी इतना ख़ुमार[9]
मैं न कहता था मेरे घर में भी आयेगी बहार
शर्त इतनी थी कि पहले तुझे आना होगा

---

1. वफ़ा का वादा, 2. पैरों की लड़खड़ाहट, 3. ज्योति, चमक, 4. मदिरा का प्याला, 5. सन्देश, 6. मीठे होंट, 7. होंठों की प्यास, 8. चन्दन जैसी, 9. मादकता, नशा।

अजनबी

ऐ हमा-रंग[1], हमा-नूर[2], हमा-सोज़ो-गुदाज़[3]
बज़्मे-महताब[4] से आने की ज़रूरत क्या थी
तू जहाँ थी उसी जन्नत में निखरता तेरा रूप
इस जहन्नुम को बसाने की ज़रूरत क्या थी

ये ख़दो-ख़ाल[5] ये ख़ाबों से तराशा हुआ जिस्म
और दिल जिस पे ख़दो-ख़ाल की नर्मी भी निसार
ख़ार[6]-ही-ख़ार, शरारे[7] ही शरारे हैं यहाँ
और थम-थम के उठा पाँव बहारों की बहार

तश्नगी[8] ज़हर भी पी जाती है अमृत की तरह
जाने किस जाम प रुक जाये निगाहे-मासूम
डूबते देखा है जिन आँखों में मयख़ाना भी
प्यास उन आँखों की बुझे या न बुझे क्या मालूम

हैं सभी हुस्न-परस्त[9] अह्ले-नज़र[10] साहेब-दिल[11]
कोई घर में, कोई महफ़िल में सजायेगा तुझे
तू फ़क़त जिस्म नहीं, शे'र भी है, गीत भी है
कौन अश्कों[12] की घनी छाँव में गायेगा तुझे

तुझसे इक दर्द का रिश्ता भी है बस प्यार नहीं
अपने आँचल प मुझे अश्क बहा लेने दे
तू जहाँ जाती है जा, रोकनेवाला मैं कौन
रस्ते-रस्ते में मगर शम्अ जला लेने दे

---

1. समस्त रंग, 2. समस्त ज्योति, 3. समस्त कोमलता और तपिश, 4. चन्द्रसभा, 5. गाल और तिल, 6. काँटा, 7. चिंगारी, 8. प्यास, 9. रूप के पुजारी, 10. दृष्टिवाले, 11. दिलवाले, 12. आँसू।

ताशक़न्द

भटकता हुआ शौक़[1] का कारवाँ
हुआ ख़ेमाज़न[2] आके देखो कहाँ
ये आशिक़ के सीने से चौड़ी ज़मीं
समा जायें जिसमें कई आसमाँ

कहाँ बाग़े-जन्नत, कहाँ ताशक़न्द
ये ज़िन्दा हक़ीक़त, वो मुर्दा गुमाँ[3]
ये नश्शा-ही-नश्शा है और वो ख़ुमार[4]
ये शोला-ही-शोला है और वो धुआँ

दरख़्त इसके, सारे मुसाफ़िरनवाज़[5]
पहाड़ इसके, सब मुश्फ़िक़ो-मेहरबाँ[6]
अज़ीज़ों की महफ़िल, महकते चमन
रफ़ीक़ों की मजलिस, हसीं वादियाँ

हर इक बाब[7] इसका नवाई[8] का शेर
कहीं से बयाँ कीजिये दास्ताँ
यहीं हुस्न उतरा था पहले-पहल
यहीं इश्क़ इक दिन हुआ था जवाँ

इसी से बहारें निचोड़ी गयीं
कभी आ गयी थी इधर जो ख़िज़ाँ[9]

---

1. रुचि, चाव, 2. डेरा डालना, पड़ाव करना, 3. भ्रम, कल्पना, 4. उतरता नशा, 5. यात्रियों का सत्कार करनेवाला, 6. दयालु और कृपालु, 7. फाटक, द्वार, अध्याय, 8. प्रसिद्ध कवि अली शेर नवाई, 9. पतझड़,

वहाँ तक लहकते हैं शादाब[10] खेत
जहाँ भूक का कल मिला था निशाँ

ख़रामाँ[11] हुआ इस तरह इन्क़िलाब
हर इक रास्ता बन गया कहकशाँ[12]
जबीनों[13] पे सूरज, गरेबाँ में चाँद
सितारों की गिनती नहीं है यहाँ
पशेमाँ-पशेमाँ[14] से हैं ज़लज़ले
ज़हे[15] दस्ते-तामीर[16] की मस्तियाँ
ज़ुलेख़ा पे आया दोबारा शबाब[17]
दोबारा जवाँ हो गयीं बस्तियाँ

जो कल मेहमाँ थे, जो कल मेज़बाँ
गले मिलते ही हो गये जिस्मो-जाँ[18]
ग़ज़ल छेड़ घुँघरू पहन ताशक़न्द
तेरे साथ रक़्साँ[19] है हिन्दोस्ताँ

[ताशक़न्द, 19 मई, 1969]

---

10. हरे भरे, 11. गतिगान, 12. आकाशगंगा, 13. माथों, 14. लज्जित, 15. धन्य, 16. निर्माण के हाथ, 17. जवानी, 18. शरीर और प्राण, 19. नाचता हुआ।

फ़रग़ाना

यही तोहफ़ा है, यही नज़राना
मैं जो आवारा नज़र[1] लाया हूँ
रंग में तेरे मिलाने के लिए
क़तरए-ख़ूने-जिगर[2] लाया हूँ
ऐ गुलाबों के वतन !

पहले कब आया हूँ, कुछ याद नहीं
लेकिन आया था क़सम खाता हूँ
फूल तो फूल हैं, काँटों प तेरे
अपने होंठों के निशाँ पाता हूँ
मेरे ख़्वाबों के वतन !

चूम लेने दे मुझे हाथ अपने
जिनसे तोड़ी हैं कई ज़ंजीरें
तूने बदला है मशीयत[3] का मिज़ाज
तूने लिखी हैं नयी तक़दीरें
इन्क़िलाबों के वतन !

फूल के बाद नये फूल खिलें
कभी ख़ाली न हो दामन तेरा
रौशनी - रौशनी तेरी राहें
चाँदनी - चाँदनी आँगन तेरा
माहताबों[4] के वतन !

[फ़रगाना 27 मई, 1969]

---

1. भटकती हुई दृष्टिवाला, 2. जिगर के ख़ून के की बूँद, 3. दैवी शक्ति, ईश्वर की इच्छा, 4. चाँदों।

मास्को

साथियो, क़ाफ़िला-ए-शौक़ को रोको तो ज़रा
ज़िन्दगी चार तरफ़ ज़मज़माख़्वाँ[1] है देखो
अपने ख़्वाबों में जिसे हमने बसा रखा था
ये वही शहरे-हसीं, शहरे-जवाँ है देखो

परचमे-अम्न[2], बलन्द, और बलन्द, और बलन्द
तेरे साये से निकल के मैं कहाँ जाऊँगा
मास्को, साज़ उठा, साज़ उठा, साज़ उठा
आज हर गीत इसी साज़ पे मैं गाऊँगा

कैसे ख़ामोश रहूँगा कि अभी तक दिल में
पिछले ही शोरे-क़यामत[3] की धमक बाक़ी है
मेरी झुलसी हुई यादों में, घुटी साँसों में
अब भी बारूद की थोड़ी-सी महक बाक़ी है

अब भी एहसास में काँटे की तरह चुभते हैं
वो हसीं फूल जो हँसने को भी तरसे थे
आज भी ख़ून-सा रिसता है मेरे गीतों से
जिस प ख़ूँख़ार फ़ज़ा[4] से कभी बम बरसे थे

कितने पागल थे वो अय्याम[5] कि जिनमें ख़ालिक़[6]
अपनी मख़लूक़[7] के आमाल[8] प सरमाया था

---

1. गाती हुई, 3. शान्ति की ध्वजा, 3. प्रलय का कोलाहल, 4. वायुमण्डल, 5. दिन (योम का बहुवचन), 6. विधाता, 7. सृष्टि, प्राणी, 8. कर्म (अमल का बहुवचन)।

हिरोशिमा ने वो जूड़ा अभी बाँधा भी नहीं
अपनी ही लाश पर इक रोज़ जो बिखराया था

जंग टल सकती है, रुक सकती है, मिट सकती है
जंग क़िस्मत ही सही, दिल का तक़ाज़ा तो नहीं
सब तेरे साथ हैं, मैं, मेरा वतन, मेरे रफ़ीक़[9]
आज तू जेहद[10] के मैदान में तनहा तो नहीं
इक क़दम भी जो बढ़ाता है तू मंज़िल की तरफ़
इक दिया और सरे-राहे-अमल[11] जलता है
तू जो मुड़ता है, तो मुड़ जाती है सारी दुनिया
तू जो चलता है, तेरे साथ जहाँ चलता है

कितनी मुश्किल से ये टूटे हुए दिल जोड़े हैं
इनके टुकड़ों को दोबारा न बिखरने देंगे
राहें जाती हैं जो मयख़ाने से मयख़ाने तक
हम उधर से कभी फ़ौजें न गुज़रने देंगे

[मास्को, 26 मई, 1969]

9. साथी, 10. संघर्ष, युद्ध, 11. कर्मठता के मार्ग पर।

गर्भवती

सुन रहा हूँ यही बे-सौत[1] कराहें कब से
है मगर कर्ब[2] हमेशा से सिवा[3] आज की रात
न तो सोया है, न सोयेगा ख़ुदा आज की रात

दाई ख़ामोश खड़ी घोल रही है अफ़्यून
घण्टियाँ बजती हैं, मस्जिद में दुआ होती है
नींद ही ऐसे मरीज़ों की दवा होती है

पहले बच्चे में हुआ करती है तकलीफ़ अक्सर
आख़िरी हो के उठा रखा है तूफ़ान इसने
कर दिया माँ को भी, दाई को भी हलकान इसने

ऐसे मौलूद[4] से दुनिया का भला क्या होगा
कुलबुलाने से हुमकने का है अन्दाज़ जुदा
माँ से अंजाम[5] जुदा, बाप से आग़ाज़[6] जुदा

कोख से इसकी बहरहाल पुर-उम्मीद रहें
कहते हैं गर्भवती इतनी भी मासूम नहीं
राक्षस होगा कि अवतार, ये मालूम नहीं

इस तज़बज़ुब[7] से थके ज़ेह्न को मिल जाये नजात[8]
बे-असर है जो दवा, काम दुआ तो कर जाय
माँ से कुछ ख़ौफ़ नहीं, कोख में बच्चा मर जाय

---

1. ध्वनिरहित, 2. पीड़ा, 3. अधिक, 4. सन्तान, 5. अन्त, परिणाम, 6. आदि, आरम्भ, 7. दुविधा, 8. मुक्ति,

और जर्राह[9] ये कहते हैं कि ये पाप का फल
आज अकेला नहीं मरता है तो माँ भी मर जाय
और ये कशमकशे-सूदो-ज़ियाँ[10] भी मर जाय
यह भी मुमकिन है कि बच्चा जिसे हम समझे हैं
पेट खुलने प वो जलता हुआ फोड़ा निकले
ख़ून बहता है बहे, ज़हर तो थोड़ा निकले

कुछ दवा से न हुआ है, न दुआ से होगा
मेज़ तैयार करो, गर्भवती को ले आओ
पेट को चाक करो, कोख प निश्तर[11] बरसाओ

कौन-सा वक़्त था, दिन कैसे थे, हाँ याद आया
जंग उस वक़्त थी, अब जंग की तैयारी है
तब से अब तक वही मनहूस अमल जारी है

शल[12] हुए जाते हैं जर्राहों के दस्तो-बाज़ू[13]
पेट में लगती है आरी, न छुरी धँसती है
मेज़ पर लेटी हुई गर्भवती हँसती है

[मद्रास, 15 मई, 1970]

---

9. शल्य-चिकित्सक, 10. लाभ और हानि की खींचातानी, 11. चाकू, 12. शिथिल, 13. हाथ और भुजाएँ।

लेनिन

आसमाँ और भी ऊपर को उठा जाता है
तुमने सौ साल में इन्साँ को किया कितना बलन्द
पुश्त[1] पर बाँध दिया था जिन्हें जल्लादों ने
फेंकते हैं वही हाथ आज सितारों प कमन्द[2]
देखते हो कि नहीं!

जगमगा उट्ठी है मेहनत के पसीने से जबीं[3]
अब कोई ख़त, ख़ते-तक़दीर[4] नहीं हो सकता
तुमको हर मुल्क की सरहद प खड़े देखा है
अब कोई मुल्क हो, तस्ख़ीर[5] नहीं हो सकता

ख़ैर हो बाज़ू-ए-क़ातिल[6] की, मगर ख़ैर नहीं
आज मक़तल[7] में बहुत भीड़ नज़र आती है
कर दिया था कभी हलका-सा इशारा जिस सम्त
सारी दुनिया उसी जानिब को मुड़ी जाती है

हादिसा कितना बड़ा है कि सरे-मंज़िले-शौक़[8]
क़ाफ़िला चन्द गिरोहों में बँटा जाता है
एक पत्थर से तराशी थी जो तुमने दीवार
इक ख़तरनाक शिगाफ़ उसमें नज़र आता है
देखते हो कि नहीं!

---

1. पीठ, 2. फन्दा, दीवार पर चढ़ने के लिए सिरे पर गोह बाँधकर फेंकी जानेवाली रस्सी, 3. माथा, 4. भाग्य-रेखा, 5. पराजित, वशीभूत, 6. हत्यारे की भुजाएँ, 7. हत्या-स्थल, 8. रुचि के लक्ष्य पर,

देखते हो, तो कोई सुल्ह की तदबीर करो
हो सकें ज़ख़्म रफ़ू जिससे, वो तक़रीर करो
अह्द[9] पेचीदा, मसाइल[10] हैं सिवा पेचीदा
उनको सुलझाओ, सहीफ़ा[11] कोई तहरीर करो

रूहें आवारा हैं, दे दो उन्हें पैकर[12] अपना
भर दो हर पारा-ए-फ़ौलाद[13] में जौहर अपना
रहनुमा फिरते हैं या फिरती हैं बे-सर लाशें
रख दो हर अकड़ी हुई लाश पर तुम सर अपना

[जन्मशती के अवसर पर, 1970]

---

9. युग, 10. समस्याएँ, 11. पुस्तक, 11. शरीर, आकार, 13. फ़ौलाद का टुकड़ा।

पीरे-तस्मा-पा[1]

मेरे काँधे पे बैठा कोई
पढ़ता रहता है इंजीलो-क़ुर्आनो-वेद[2]
मक्खियाँ कान में भनभनाती हैं
ज़ख़्मी हैं कान
अपनी आवाज़ कैसे सुनूँ

राना हिन्दू था, अकबर मुसलमान था
संजय वो पहला इन्सान था
हस्तिनापुर में जिसने क़ब्ले-मसीह[3]
टेलीविज़न बनाया
और घर बैठे इक अन्धे राजा को
युद्ध का तमाशा दिखाया

आदमी चाँद पर आज उतरा तो क्या
ये तरक़्क़ी नहीं
अब से पहले, बहुत पहले
जब ज़र्रा[4] टूटा न था
चश्मा[5] जौहर[6] का फूटा न था
फ़र्श[7] से अर्श[8] तक जा चुका है कोई

---

1. जिस बूढ़े के पैर रस्सी से बँधे हों, 2. बाइबिल, क़ुरान और वेद, 3. ईसा-पूर्व, 4. कण, अणु, 5. सोता, 6. ऊर्जा, 7. धरती, 8. आकाश।

ये और ऐसी बहुत-सी जिहालत की बातें
मेरे काँधे प होती हैं,
काँधे झुके जा रहे हैं
क़द मेरा रात-दिन घट रहा है
सर कहीं पाँव से मिल न जाये

[1970]

ग़ज़ल

ख़ारो-ख़स[1] तो उठें, रास्ता तो चले
मैं अगर थक गया, क़ाफ़िला तो चले
चाँद-सूरज बुज़ुर्गों के नक़्शे-क़दम[2]
ख़ैर, बुझने दो इनको, हवा तो चले
हाकिमे-शहूर, ये भी कोई शहूर है
मस्जिदें बन्द हैं, मयकदा[3] तो चले
इसको मज़हब कहो या सियासत[4] कहो
ख़ुदकुशी का हुनर तुम सिखा तो चले
इतनी लाशें मैं कैसे उठा पाऊँगा
आप ईंटों की हुरमत[5] बचा तो चले

बेलचे लाओ, खोलो ज़मीं की तहें
मैं कहाँ दफ़्न हूँ, कुछ पता तो चले

[1970]

---

1. काँटे और तिनके, घास-फूस, झाड़-झंखाड़, 2. पद-चिह्न, 3. मदिरालय, 4. राजनीति, 5. मर्यादा।

खिलौने

रेत की नाव, झाग के माँझी
काठ की रेल, सीप के हाथी
हलकी-भारी प्लास्टिक की कलें
मोम के चाक जो रुकें न चलें

राख के खेत, धूल के खलिहान
भाप के पैरहन[1], धुएँ के मकान
नहर जादू की, पुल दुआओं के
झुनझुने चन्द योजनाओं के

सूत के चेले, मूँज के उस्ताद
तेशे[2] दफ़्ती के, काँच के फ़रहाद[3]
आलिम[4] आटे के और रवे के इमाम
और पन्नी के शायराने-कराम[5]

ऊन के तीर, रुई की शमशीर[6]
सद्र मिट्टी का और रबर के वज़ीर

अपने सारे खिलौने साथ लिये
दस्ते-ख़ाली[7] में कायनात[8] लिये
दो सुतूनों[9] में बाँध के रस्सी
हम ख़ुदा जाने कब से चलते हैं
न तो गिरते हैं न सँभलते हैं

[1971]

1. वस्त्र, कपड़े, 2. कुदाल, 3. शीरीं का प्रेमी जिसने अपनी प्रेमिका को पाने के लिए दूध की नहर खोदी थी, 4. विद्वान्, 5. सम्मानित कवि, 6. तलवार, 7. खाली हाथ, 8. सृष्टि, 9. खम्भों।

बँगलादेश

मैं कोई मुल्क नहीं हूँ कि जला दोगे मुझे
कोई दीवार नहीं हूँ कि गिरा दोगे मुझे
कोई सरहद भी नहीं हूँ कि मिटा दोगे मुझे
ये जो दुनिया का पुराना नक़्शा
मेज़ पर तुमने बिछा रखा है
इसमें कावाक[1] लकीरों के सिवा कुछ भी नहीं
तुम मुझे इसमें कहाँ ढूँढते हो
मैं इक अरमान हूँ दीवानों का
सख़्त-जाँ ख़्वाब हूँ कुचले हुए इन्सानों का
लूट जब हद से सिवा[2] होती है
ज़ुल्म जब हद से गुज़र जाता है
मैं अचानक किसी कोने में नज़र आता हूँ
किसी सीने से उभर आता हूँ
आज से पहले भी तुमने मुझे देखा होगा
कभी मशरिक़[3] में कभी मग़रिब[4] में
कभी शहरों में कभी गाँवों में
कभी बस्ती में कभी जंगल में
मेरी तारीख़[5]-ही-तारीख़ है, जुग़राफ़िया[6] कोई भी नहीं
और तारीख़ भी ऐसी जो पढ़ाई तो नहीं जा सकती

---

1. खोखली, निरर्थक, 2. अधिक, 3. पूरब, 4. पश्चिम, 5. इतिहास, 6. भूगोल,

लोग छुप-छुपके पढ़ा करते हैं
कि मैं ग़ालिब[7] कभी मग़लूब[8] हुआ
क़ातिलों को कभी सूली पे चढ़ाया मैंने
और कभी आप ही मसलूब[9] हुआ
फ़र्क़ इतना है कि क़ातिल मेरे मर जाते हैं
मैं न मरता हूँ न मर सकता हूँ
कितने नादान हो तुम
तुमने ख़ैरात[10] में पाये हैं जो टैंक
उनको लेकर मेरे सीने प चढ़े आते हो
रात-दिन करते हो नापाम बमों की बारिश
देखो थक जाओगे
कौन-से हाथ में पहनाओगे ज़ंजीर बताओ
कि मेरे हाथ तो हैं सात करोड़
कौन-सा सर मेरी गर्दन से जुदा कर दोगे
मेरी गर्दन प हैं सर सात करोड़

[1971]

---

7. प्रभुत्वशाली, 8. जिस पर दूसरे का प्रभुत्व हो, 9. जिसे सलीब (सूली) पर चढ़ाया गया हो, 10. दान।

इन्तशार

कभी जमूद[1] कभी सिर्फ़ इन्तेशार[2]-सा है
जहाँ को अपनी तबाही का इन्तेज़ार-सा है
मनु की मछली, न कश्ती-ए-नूह और ये फ़ज़ा
कि क़तरे-क़तरे में तूफ़ान बेक़रार-सा है
मैं किसको अपने गरेबाँ का चाक दिखलाऊँ
कि आज दामने-यज़्दाँ[3] भी तार-तार-सा है
सजा-सँवार के जिसको हज़ार नाज़ किए
उसी प ख़ालिक़े-कौनैन[4] शर्मसार-सा[5] है
तमाम जिस्म है बेदार,[6] फ़िक्र ख़ाबीदा[7]
दिमाग़ पिछले ज़माने की यादगार-सा है
सब अपने पाँव पे रख-रखके पाँव चलते हैं
ख़ुद अपने दोश[8] पे हर आदमी सवार-सा है
जिसे पुकारिये मिलता है इक खँडहर से जवाब
जिसे भी देखिये माज़ी[9] का इश्तहार-सा है
हुई तो कैसे बियाबाँ[10] में आके शाम हुई
कि जो मज़ार यहाँ है मेरा मज़ार-सा है
कोई तो सूद चुकाये, कोई तो ज़िम्मा ले
उस इन्क़लाब का, जो आज तक उधार-सा है

[1971]

---

1. गतिरोध, 2. बिखराव, अस्त-व्यस्त होना, 3. खुदा का दामन, 4. सृष्टि का विधाता, 5. लज्जित-सा, 6. जागा हुआ, 7. सोयी हुई, 8. कन्धा, 9. अतीत, 10. वन।

ग़ज़ल

लायी फिर इक लग़्ज़िशे-मस्ताना[1] तेरे शहर में
फिर बनेंगी मस्जिदें मयख़ाना तेरे शहर में
आज फिर टूटेंगी तेरे घर की नाज़ुक खिड़कियाँ
आज फिर देखा गया दीवाना तेरे शहर में
जुर्म है तेरी गली से सर झुकाकर लौटना
कुफ़्र[2] है पथराव से घबराना तेरे शहर में
शाहनामे[3] लिखे हैं खँडरात की हर ईंट पर
हर जगह है दफ़्न इक अफ़साना तेरे शहर में
कुछ कनीज़ें[4] जो हरीमे-नाज़[5] में हैं बारयाब[6]
माँगती हैं जानो-दिल नज़्राना तेरे शहर में

नंगी सड़कों पर भटककर देख, जब मरती है रात
रेंगता है हर तरफ़ वीराना तेरे शहर में

---

1. मादक लड़खड़ाहट, 2. विधर्मिता, सिद्धान्त के विरुद्ध, 3. फिरदौसी की अमर कृति, 4. दासियाँ, 5. प्रेमिका का घर, 6. जिसे प्रवेश मिल गया हो।

धमाका

(चारु मजुमदार की याद में)

कोई चौराहा हो चाहे कोई नाका, दोस्तो !
हर घड़ी हर दम कोई ताज़ा धमाका, दोस्तो !

ये धमाका बस धमाका है
धमाके के सिवा कुछ भी नहीं
रोटी दे सकता नहीं

ये रोज़ी दे सकता नहीं
ये कुछ भी दे सकता नहीं
इसकी जेबों में न दुनिया है न दीन[1]
इसकी मुट्ठी में न ज़र[2] है न ज़मीन
रूस है इसकी निगाहों में न चीन

ये धमाका बस धमाका है, धमाके के सिवा कुछ भी नहीं
मैं खड़ा था कब से इस ख़ामोश क़ब्रिस्तान में
क़ब्रें सब ख़ामोश थीं
क़ब्रों में रहनेवाले सब ख़ामोश थे
खा रहे थे कीड़े चुपके-चुपके बोसीदा[3] कफ़न
सब्ज़, नीले, पीले, सेह्-रंगे[4] कफ़न
लाशें सब नंगी थीं लाशों के सिवा[5] नंगे कफ़न
मैंने हाथों को हिलाया इस तरह
कोने-कोने में धमाका हो गया

---

1. धर्म, 2. सोना, धन, 3. सड़ा-गला, 4. तिरंगे, 5. अधिक,

ये धमाका बस धमाका है, धमाके के सिवा कुछ भी नहीं
वो भी तो बस इक धमाका था, धमाके के सिवा कुछ भी न था
जिससे उछलीं कहकशाएँ[6]
जिससे उभरी कायनात[7]
घर से जब भी निकलो बाहर, दोस्तो !
कुछ धमाके भर लो अपनी जेब में

हर घड़ी हर दम कोई ताज़ा धमाका दोस्तो !
कौन जाने कोई ज़र्रा[8] टूट जाय

[बीच कैण्डी अस्पताल, बम्बई, 14 फ़रवरी, 1972

---

6. आकाशगंगाएँ, 7. सृष्टि, 9. कण।

एक लम्हा![1]

ज़िन्दगी नाम है कुछ लम्हों का
और उनमें भी वही इक लम्हा
जिसमें दो बोलती आँखें

चाय की प्याली से जब उट्ठें
तो दिल में डूबें
डूब के दिल में कहें

आज तुम कुछ न कहो
आज मैं कुछ न कहूँ
बस यूँ ही बैठे रहो

हाथ में हाथ लिये
ग़म की सौग़ात लिये
गर्मी-ए-जज़्बात[2] लिये

कौन जाने कि इसी लम्हे में
दूर परबत पे कहीं
बर्फ़ पिघलने ही लगे

[1973]

---

1. क्षण, 2. भावनाओं की गर्मी।

ज़िन्दगी

आज अँधेरा मेरी नस-नस में उतर जायेगा
आँखें बुझ जायेंगी, बुझ जायेंगे एहसासो-शऊर[1]
और यह सदियों से जलता-सा सुलगता-सा वजूद[2]
इससे पहले कि सहर[3] माथे प शबनम[4] छिड़के
इससे पहले कि मेरी बेटी के वह फूल-से हाथ
गर्म रुख़सार[5] को ठण्डक बख़्शें
इससे पहले कि मेरे बेटे का मज़बूत बदन
तने-मफलूज़[6] में शक्ति भर दे
इससे पहले कि मेरी बीवी के होंट
मेरे होंठों की तपिश पी जायें
राख हो जायेगा जलते-जलते
और फिर राख बिखर जायेगी

ज़िन्दगी कहने को बे-माया[7] सही
ग़म का सरमाया[8] सही
मैंने इसके लिए क्या-क्या न किया
कभी आसानी से इक साँस भी यमराज को अपना न दिया

आज से पहले बहुत पहले
इसी आँगन में
धूप भरे दामन में
मैं खड़ा था, मेरे तलवों से धुआँ उठता था

---

1. अनुभूति तथा चेतना, 2. अस्तित्व, 3. प्रभात, 4. ओस, 5. गाल, 6. अपंग शरीर, 7. जिसके पास कुछ न हो, अकिंचन, 8. पूँजी,

एक बे-नाम-सा बे-रंग-सा ख़ौफ़
कच्चे एहसास प छाया था कि जल जाऊँगा
मैं पिघल जाऊँगा
और पिघलकर मेरा कमज़ोर-सा 'मैं'
क़तरा-क़तरा मेरे माथे से टपक जायेगा
रो रहा था मगर अश्कों के बग़ैर
चीख़ता था मगर आवाज़ न थी
मौत लहराती थी सौ शक्लों में
मैंने हर शक्ल को घबरा के ख़ुदा मान लिया
काट के रख दिये सन्दल के पुर-असरार[9] दरख़्त[10]
और पत्थर से निकाला शोला
और रौशन किया अपने से बड़ा एक अलाव
जानवर ज़िब्ह[11] किये इतने कि ख़ूँ की लहरें
पाँव से उठके कमर तक आयीं
और कमर से मेरे सर तक आयीं

सोमरस मैंने पिया
रात-दिन रक़्स[12] किया
नाचते-नाचते तलुवे मेरे ख़ूँ देने लगे
मेरे आज़ा[13] की थकन
बन गयी काँपते होंठों प भजन
हड्डियाँ मेरी चटख़ने लगीं ईंधन की तरह
मन्त्र होंठों से टपकने लगे रोग़न[14] की तरह

---

9. रहस्यमय, 10. पेड़, 11. पशु बलि, 12. नृत्य, 13. अंग (अंग का बहुवचन) 14. तेल, चिकनाई,

"अग्नि माता मेरी अग्नि माता
सूखी लकड़ी के ये भारी कुन्दे
जो तेरी भेंट को ले आया हूँ
इनको स्वीकार कर और ऐसे धधक
कि मचलते शोले खींच लें जोश में
सूरज की सुनहरी ज़ुल्फ़ें
आग-में-आग मिले
जो अमर कर दे मुझे
ऐसा कोई राग मिले"

अग्नि माँ से भी न जीने की सनद जब पायी
ज़िन्दगी के नये इमकान[15] ने ली अँगड़ाई
और कानों में कहीं दूर से आवाज़ आयी
बुद्धं शरणं गच्छामि !
धम्मं शरणं गच्छामि !
संघं शरणं गच्छामि !
चार अबरू[16] का सफ़ाया करके
बे-सिले वस्त्र से ढाँपा यह बदन
पोंछ के पत्नी के माथे से दमकती बिन्दिया
सोते बच्चों को बिना प्यार किये
चल पड़ा हाथ में कशकोल[17] लिये
चाहता था कहीं भिक्षा ही में जीवन मिल जाये,
जो कभी बन्द न हो, दिल को वह धड़कन मिल जाये

---

15. सम्भावना, 16. भौं जो आंखों के ऊपर होती है, 17. भिक्षा-पात्र,

मुझको भिक्षा में मगर ज़हर मिला
होंट थर्राने लगे जैसे करे कोई गिला[18]
झुक के सूली से उसी वक़्त किसी ने यह कहा
तेरे इक गाल प जिस पल कोई थप्पड़ मारे
दूसरा गाल भी आगे कर दे
तेरी दुनिया में बहुत हिंसा है
इसके सीने में अहिंसा भर दे
कि यह जीने का तरीक़ा भी है अन्दाज़ भी है
तेरी आवाज़ भी है, मेरी आवाज़ भी है
मैं उठा जिसको अहिंसा का सबक़ सिखलाने
मुझको लटका दिया सूली पे उसी दुनिया ने

आ रहा था मैं कई कूचों से ठोकर खाकर
एक आवाज़ ने रोका मुझको
किसी मीनार से नीचे आकर
अल्लाहो अकबर[19] अल्लाहो अकबर
हुआ दिल को ये गुमाँ[20]
कि ये पुरजोश अज़ाँ[21]
मौत से देगी अमाँ[22]
फिर तो पहुँचा मैं जहाँ
मैंने दोहरायी कुछ ऐसे यह अज़ाँ
गूँज उठा सारा जहाँ
अल्लाहो अकबर, अल्लाहो अकबर
उसी आवाज़ में इक और भी गूँजा ऐलान
कुल्ले मिन अलेहा फ़ान[23]

---

18. शिकायत, 19. ईश्वर महान् है, 20. भ्रम, 21. नमाज़ का बुलावा, 22. सुरक्षा, 23. हर वस्तु नश्वर है,

इक तरफ़ ढल गया ख़ुरशीदे-जहाँताब[24] का सर
हुआ फ़ालिज का असर
फट गयी नस कोई, शिरयानों[25] में ख़ूँ जम-सा गया
हो गया ज़ख़्मी दिमाग़
ऐसा लगता था कि बुझ जायेगा जलता है सदियों से चिराग़
आज अँधेरा मेरी नस-नस में उतर जायेगा
यह समन्दर जो बड़ी देर से तूफ़ानी था
ऐसा तड़पा कि मेरे कमरे के अन्दर आया
आते-आते वो मेरे वास्ते अमृत लाया
और लहरा के कहा
शिव ने यह भिजवाया है, लो पियो और जियो
आज शिव इल्म है, अमृत है अमल
अब वो आसाँ है दुश्वार था कल
रात जो मौत का पैग़ाम लिये आयी थी
बीवी-बच्चों ने मेरे
उसको खिड़की से परे फेंक दिया
और जो वो ज़हर का इक जाम लिये आयी थी
उसने वह ख़ुद ही पिया
सुब्ह उतरी जो समन्दर में नहाने के लिये
रात की लाश मिली पानी में

[1973]

---

24. सारे संसार को आलोकित करनेवाला सूर्य, 25. धमनियों।

एक दुआ

(शबाना के जन्मदिन पर)

अब और क्या तेरा बीमार बाप देगा तुझे
बस इक दुआ कि ख़ुदा तुझको कामयाब करे
वह टाँक दे तेरे आँचल में चाँद और तारे
तू अपने वास्ते जिसको भी इन्तख़ाब[1] करे।

[18 सितम्बर, 1974, मास्को]

---

1. पसंद, 2. वरण।

चराग़ाँ

एक-दो भी नहीं छब्बीस दीये
एक-इक करके जलाये मैंने

इक दीया नाम का आज़ादी के
उसने जलते हुए होंठों से कहा
चाहे जिस मुल्क से गेहूँ माँगो
हाथ फैलाने की आज़ादी है

इक दीया नाम का ख़ुशहाली के
उसके जलते ही ये मालूम हुआ
कितनी बदहाली है
पेट ख़ाली है मेरा, जेब मेरी ख़ाली है

इक दीया नाम का यकजहती[1] के
रौशनी उसकी जहाँ तक पहुँची
क़ौम को लड़ते-झगड़ते देखा
माँ के आँचल में हैं जितने पैबन्द
सबको इक साथ उधड़ते देखा

---

1. एकता।

ज़ूर से बीवी ने झल्ला के कहा
तेल महँगा भी है, मिलता भी नहीं
क्यों दीये इतने जला रखे हैं
अपने घर में न झरोका न मुँडेर
ताक़ सपनों के सजा रखे हैं
आया ग़ुस्से का इक ऐसा झोंका
बुझ गये सारे दीये
हाँ मगर एक दीया नाम है जिसका उमीद
झिलमिलाता ही चला जाता है !

[26 जनवरी, 1974]

ग़ज़ल

मैं ढूँढता हूँ जिसे वो जहाँ नहीं मिलता
नयी ज़मीन नया आसमाँ नहीं मिलता
नयी ज़मीन नया आसमाँ भी मिल जाये
नये-बशर[1] का कहीं कुछ निशाँ नहीं मिलता
वो तेग़[2] मिल गयी जिससे हुआ है क़त्ल मेरा
किसी के हाथ का उस पर निशाँ नहीं मिलता
वो मेरा गाँव है वो मेरे गाँव के चूल्हे
कि जिनमें शोले-तो-शोले, धुआँ नहीं मिलता
जो इक ख़ुदा नहीं मिलता तो इतना मातम क्यों
यहाँ तो कोई मेरा हमज़बाँ नहीं मिलता

खड़ा हूँ कब से मैं चेहरों के एक जंगल में
तुम्हारे चेहरे का कुछ भी यहाँ नहीं मिलता

[मास्को, सितम्बर, 1974]

---

1. मानव, 2. तलवार।

पशेमानी[1]

मैं ये सोचकर उसके दर से उठा था
कि वो रोक लेगी मना लेगी मुझको
हवाओं में लहराता आता था दामन
कि दामन पकड़कर बिठा लेगी मुझको
क़दम ऐसे अन्दाज़ से उठ रहे थे
कि आवाज़ देकर बुला लेगी मुझको

कि उसने रोका न मुझको मनाया
न दामन ही पकड़ा न मुझको बिठाया
न आवाज़ ही दी, न मुझको बुलाया
मैं आहिस्ता-आहिस्ता बढ़ता ही आया

यहाँ तक कि उससे जुदा हो गया मैं

---

1. शर्मिन्दगी, 2. पछतावा।

मजबूरी

दोस्त मैं दामन बचाता किस तरह
मुझसे शाने-जल्वाफ़र्माई[1] न पूछ
किस तरह वो सामने आयी न पूछ
उसका हुस्न और उसकी रअनाई[2] न पूछ
वो हिजाब-आलूदा[3] अँगड़ाई न पूछ
दिल न क़दमों पर लुटाता किस तरह

वो तबस्सुम[4], वो तरन्नुम[5], वो शबाब[6]
वो निगाहें, वो अदाएँ, वो हिजाब[7]
उसके आरिज़[8] में लहकता है गुलाब
उसकी आँखों से बरसती है शराब
पी के बेखुद[9] हो न जाता किस तरह

उसके होंठों पर जब आती है हँसी
फैल जाती है फ़ज़ा[10] में चाँदनी
वो है चलती-फिरती जूही की कली
वो है हँसती-मुस्कराती बाँसुरी
गीत उल्फ़त[11] के न गाता किस तरह

---

1. रूप दिखाने की छटा, 2. नजाकत, सिंगार, 3. लज्जा भरी, 4. मुस्कान, 5. स्वर-माधुर्य, 6. यौवन, 7. लाज, संकोच, 8. गाल, 9. मस्त, 10. वातावरण, 11. प्रेम।

ढूँढ़ता था हुस्न उसका तख़्तो-ताज
माँगती थी उसकी रअनाई ख़िराज[12]
सोहनी का नाज़, राधा का मिज़ाज
चाहती थी कर ले मेरे दिल प राज
मैं भला आँखें चुराता किस तरह

दिल प हँसकर तीर खाना ही पड़ा
उसके आगे सर झुकाना ही पड़ा
होश मजबूरन गँवाना ही पड़ा
ज़ब्त[13] का ख़िरमन[14] जलाना ही पड़ा

और जलाता तो बुझाता किस तरह
दोस्त मैं दामन बचाता किस तरह।

---

12. वह धन जो अधीन राज्य बड़े राज्य को देता है, 13. धैर्य, 14. भंडार, खलिहान।

एहतियात

अब तुम आग़ोशे-तसव्वुर[1] में भी आया न करो
मुझसे बिखरे हुए गेसू[2] नहीं देखे जाते
सुर्ख़ आँखों की क़सम, काँपती पलकों की क़सम
थरथराते हुए आँसू नहीं देखे जाते

अब तुम आग़ोशे-तसव्वुर में भी आया न करो
छूट जाने दो जो दामने-वफ़ा छूट गया
क्यूँ ये नाज़ीदा-ख़िरामी[3] प पशीमाँ-नज़री[4]
तुमने तोड़ा तो नहीं रिश्त-ए-दिल टूट गया

अब तुम आग़ोशे-तसव्वुर में भी आया न करो
मेरी आहों से ये रुख़सार[5] न कुम्हला जायें
ढूँढती होगी तुम्हें रस में नहायी हुई रात
जाओ कलियाँ न कहीं सेज की मुरझा जाये

अब तुम आग़ोशे-तसव्वुर में भी आया न करो
मैं इस उजड़े हुए पहलू में बिठा लू न कहीं
लबे-शीरीं[6] का नमक, आरिज़े-नमकीं[7] की मिठास
अपने तरसे हुए होठों में चुरा लू न कहीं

---

1. कल्पना की गोद (परिधि), 2. बाल, 3. नाज से चलना, 4. लज्जित होकर देखना, 5. गाल, 6. मीठे होंट, 7. नमकीन गाल।

अब तुम आग़ोशे-तसव्वुर में भी आया न करो
तुमको ये रस्म भी दुनिया न निभाने देगी
बढ़के दामन से लिपट जायेगी यूँ ताज़ा बहार
मेरी आग़ोशे-तसव्वुर में न आने देगी।

नौजवान

मुज़्दा![1] मायूस वतन, गोद के पाले आये
फिर सरे-बज़्म[2] तेरे चाहनेवाले आये
साज़िशें देखके ज़ुल्मत[3] के उजाले आये
तश्ना होंटों की तरफ़ उड़के प्याले आये

इन्हीं जकड़े हुए हाथों में उठा ले हमको
कभी आँखों कभी होंठों से लगा ले हमको

बस्तियों में कोई रौनक़ है न मैदानों में
गुलसिताँ[4] ख़ाक-ब-सर[5] फिरते हैं वीरानों[6] में
ख़ार[7]-ही-ख़ार हैं तामीर[8] के गुलदानों में
क़हूत के ढेर लगा रखे हैं खलिहानों में

कभी काटे थे अँगूठे तेरे ऐयारी[9] ने
आज बाज़ू भी क़लम कर दिये बेकारी ने

बिजलियाँ निज़्दे नशेमन[10] हैं, ख़बर है कि नहीं
दोस्त की शक्ल के दुश्मन हैं, ख़बर है कि नहीं
कुछ फ़ुसूँगर[11] पसे-चिलमन[12] हैं, ख़बर है कि नहीं
और कुछ दस्त-ब-दामन[13] हैं, ख़बर है कि नहीं

दे के इमदाद[14] कोई फिर न दग़ा दे तुझको
यह चिराग़े-तहे-दामाँ[15] न जला दे तुझको

---

1. बधाई, शुभ सन्देश, 2. सभा में, 3. अँधेरा, 4. उपवन, 5. सर में धूल डाले, 6. निर्जन स्थान, 7. काँटा, 8. रचना, निर्माण, 9. धूर्तता, 10. घोंसले के पास, 11. जादूगर, 12. परदे के पीछे, 13. दामन पकड़े हुए, 14. सहायता, 15. आँचल के नीचे का दीप।

हम बचायेंगे, सजायेंगे, सँवारेंगे तुझे
हर मिटे नक़्श को चमका के उभारेंगे तुझे
अपनी शह-रग[16] का लहू दे के निखारेंगे तुझे
दार[17] पे चढ़ के फिर इक बार पुकारेंगे तुझे

राह अग़ियार की देखें, ये भले तौर नहीं
हम भगतसिंह के साथी हैं कोई और नहीं

हम वो दीपक हैं जो आँधी में जला करते हैं
हम वो ग़ुन्चे[18] हैं जो बिजली पे हँसा करते हैं
दर्द बन के दिले-गेती[19] में उठा करते हैं
उठ के आईने-फ़ुग़ाँ[20] तोड़ दिया करते हैं

ज़ुल्मते-ग़म[21] में चमक उठते हैं तारों की तरह
दौड़ जाते हैं हवाओं में शरारों[22] की तरह

ज़िन्दगी हमसे सदा शोला-ज़बानी[23] माँगे
इल्मो-हिकमत[24] का ख़ज़ाना हमा-दानी[25] माँगे
ऐसी ललकार कि तलवार भी पानी माँगे
ऐसी रफ़्तार कि दरिया भी रवानी माँगे

जोश सीनों में भड़कता है ज्वाला जैसे
इत्तिहाद[26] इतना मुनज़्ज़म[27] है हिमाला जैसे

---

16. प्राण-धमनी, 17. फाँसी, 18. कली, 19. धरती का हृदय, 20. दुहाई देने (फ़रियाद करने) का विधान, 21. व्यथा का अन्धकार, 22. चिनगारियों, 23. आग्नेय वाणी, 24. ज्ञान-विज्ञान, 25. सब-कुछ जानना, 26. एकता, 27. संगठित,

भूख ने प्यास ने, इफ़लास[28] ने पाला है हमें
कभी बहके हैं तो फ़ाक़ों ने सँभाला है हमें
जब्र[29] ने, आहनी तनज़ीम[30] में ढाला है हमें
झोंपड़े फूँक के मैदाँ में निकाला है हमें

आज हर मोड़ प लिखेंगे कहानी अपनी
अपनी धरती में समो देंगे जवानी अपनी

---

28. दरिद्रता, 29. अत्याचार, 30. संगठन।

नक़शो-निगार

जाग उठी है फ़ितरते-फ़नकार[1]
अब किधर जा रही है जाने-बहार
तेरी तस्वीर खींचना है मुझे
और अहिस्ता, ऐ सुबुक-रफ्तार[2]
चश्मे-बद-दूर[3] ये क़दे-बाला[4]
जैसे मशरिक़[5] की सुब्हे-नौ[6] का उभार
बेल जाती हुई मुँडेरों पर
धूप चढ़ती हुई सरे-दीवार
वक़्त की गर्म चुटकियों में तीर
हुस्न के दस्ते-सन्दली[7] में सितार
कोई देवी हाथ में लिये है शम्अ
कोई चंचल छुटा रही है अनार
ये जवाँ जिस्म, ये लतीफ़[8] बदन
जैसे साँचे में ढल गयी है फुआर
खून दौड़ा दिया है फ़ितरत[9] ने
गूँधकर कच्चे मोतियों के हार
जिल्द[10] की नाज़ुकों में ख़ाबीदा[11]
चाँदनी रात का जवाँ खुमार[12]

---

1. कलाकार का स्वभाव, 2. मंदगामिनी, 3. बुरी नज़र दूर रहे, 4. ऊँचा क़द, 5. पूरब, 6. नवप्रभात, 7. चन्दन जैसे हाथ, 8. कोमल, मृदुल, रसमय, 9. प्रकृति, 10. त्वचा, 11. सोया हुआ, 12. नशा।

खून की गर्दिशों[13] में रक्सिन्दा[14]
सुब्हे - कश्मीरो - शामे - शालामार
शाखे-बिल्लूर[15] में असीर[16] धनक
मौजे-लरज़ाँ[17] में क़ैद अक्से-बहार[18]
हमातन[19] - नश्शा - ए - हमआग़ोशी[20]
हमातन - सरखुशिए - बोसो - कनार[21]
भिंचके खिलने की हसरते-ज़िन्दा[22]
खिलके भिंचने की लज़्ज़ते-जाँदार[23]
फूल-से जिस्म पर सफ़ेद लिबास
चाँदनी ओढ़कर खड़ी है बहार
तेरी आँखें तेरी हसीं आँखें
दफ़अतन[24] तिश्ना[25], दफ़अतन सरशार[26]
ज़िन्दा करने प दफ़अतन मायल[27]
जान लेने प दफ़अतन तैय्यार
मुझको चौंका के आप ख़्वाबीदा
मुझको बेहोश करके खुद हुशियार
ये तेरे रस-भरे गुलाबी होंठ
सुर्ख़, शादाब,[28] शक्करीं, गुलनार
इन्हीं होंठों में मुज़तरिब[29] नगमे
इन्हीं होठों में मुनजमिद[30] झंकार
इन्हीं होठों में राज़ की खुनकी[31]
इन्हीं होंठों में गर्मिए-इज़हार[32]

---

13. भ्रमण, 14. नाचती हुई, 15. स्फटिक की टहनी, 16. बन्दी, 17. काँपती हुई लहर, 18. वसन्त ऋतु का प्रतिबिम्ब, 19. साकार, 20. आलिंगन का नशा, 21. चुम्बन और आलिंगन का हर्ष, 22. जीवित आकांक्षा, 23. सजीव आनन्द, 24. अचानक, 25. प्यासा, 26. तृप्त, 27. रुचि लेना, 28. हरा-भरा, सम्पन्न, 29. बेचैन, 30. जमे हुए, 31. ठंडक, 32. अभिव्यक्ति की गर्मी (उत्साह)।

इन्हीं होंठों में लहलहाते फूल
इन्हीं होंठों में मुस्कराते शरार[33]
तू मुजस्सम[34] कमाल का बाज़ार
तू मुकम्मल[35] फ़साना - ए - गुलशन[36]
तू मुकम्मल हदीसे - बाग़ो - बहार[37]
तू सरापा[38] कमाले - हुस्नो - शबाब[39]
तू सरापा तिलिस्मे - नक़शो - निगार[40]
तू नज़ाकत की अव्वलीं[41] पहचान
तू लताफ़त का आख़िरी मेआर[42]
तेरी ठोकर में सैकड़ों ईदें
तेरी मुट्ठी में सैकड़ों त्योहार
तू जो लचके लचक पड़े आकाश
तू जो झूमे तो झूम उठे संसार
ज़ेह्ने-क़ुदरत[43] की अव्वलीं तख़ईल[44]
दस्ते-फ़ितरत[45] का आख़िरी शहकार[46]
रोक सकता है कौन तुझको मगर
अभी तिश्ना है हसरते-दीदार[47]
जा, तेरे साथ-साथ जायेगी
यह फ़ज़ा, यह हवा, यह रुत, यह बहार

---

33. चिन्गारियाँ, 34. साकार, 35. सम्पूर्ण, 36. उपवन की कहानी, 37. उपवन और मधुमास का विवरण, 38. सर से पैर तक, साकार, 39. रूप और यौवन का चमत्कार, 40. बेल-बूटों का रहस्य, 41. पहली, प्रथम, 42. मानदण्ड, 43. प्रकृति की बुद्धि, 44. कल्पना, 45. प्रकृति के हाथ, 46. श्रेष्ठ कृति, 47. दर्शन-अभिलाषा।

अन्देशे[1]

रूह बेचैन है इक दिल की अज़ीयत[2] क्या है
दिल ही शोला[3] है तो यह सोज़े-मुहब्बत[4] क्या है
वो मुझे भूल गयी इसकी शिकायत क्या है
रंज तो ये है कि रो-रो के भुलाया होगा

वो कहाँ और कहाँ काहिशे-ग़म[5] सोज़िशे-जाँ[6]
उसकी रंगीन नजर और नुक़ूशे-हरमाँ[7]
उसका एहसासे-लतीफ़े[8] और शिकस्ते-अरमाँ[9]
तानाज़न[10] एक ज़माना नजर आया होगा

झुक गयी होगी जवाँ-साल[11] उमंगों की जबीं[12]
मिट गयी होगी ललक, डूब गया होगा यकीं
छा गया होगा धुआँ, घूम गयी होगी ज़मीं
अपने पहले ही घरौंदे को जा ढाया होगा

दिल ने ऐसे भी कुछ अफ़साने[13] सुनाये होंगे
अश्क[14] आँखों ने पिये और न बहाये होंगे
बन्द कमरे में जो ख़त मेरे जलाये होंगे
एक-इक हर्फ़ जबीं प उभर आया होगा

1.आशंकाएँ, 2. व्यथा, पीड़ा, 3. ज्वाला, 4. प्रेम को आँच (पीड़ा), 5. व्यथासे दब जाना, 6 जना का जलना, 7. निराशा की आकृतियाँ, 8. कोमल भावनाएँ, 9. अभिलाषाओं का भं होना, 10. व्यंग्य करता हुआ, 11. अल्पवयस्क, 12. माथा, 13. कहानियाँ, 14. आँसू।

उसने घबरा के नजर लाख बचायी होगी
मिटके इक नक़्श[15] ने सौ शक्ल दिखायी होगी
मेज़ से जब मेरी तस्वीर हटायी होगी
हर तरफ मुझको तड़पता हुआ पाया होगा

बे-महल[16] छेड़ प जज्बात उबल आये होंगे
ग़म पशेमान[17] तबस्सुम में ढल आये होंगे
नाम पर मेरे जब आँसू निकल आये होंगे
सर न काँधे से सहेली के उठाया होगा

ज़ुल्फ़ ज़िद करके किसी ने जो बनायी होगी
रूठे जल्वों प ख़िज़ाँ और भी छायी होगी
बर्क़[18] अश्वों[19] ने कई दिन न गिरायी होगी
रंग चेहरे प कई रोज़ न आया होगा।

---

15. आकृति, 16. बे-मौका, अनुचित समय पर, 17. लज्जित, 18. बिजली, 19. नाज, अदा।

नसीहत

''ज़िन्दगी से गराँ[1] जवानी है
रहम अपने प खाइये, कैफ़ी
देखकर अब कहीं घना साया
आप भी बैठ जाइये कैफ़ी''

''जज़्बा-ए-रहम[2] उभार देता है
है अजब चीज़ दौरे-इशरत[3] भी
याद अह्दे-वफ़ा[4] भी है तेरा
याद रखूँगा ये नसीहत भी''

---

1. महँगी, 2. दया-भाव, 3. सुख-समृद्धि के दिन, 4. निष्ठा का वचन।

आज़ादी

जबीं[1] से नूर[2] बरसाती
चली आती है आज़ादी
मचलती झूमती गाती
चली आती है आज़ादी
ये सैले-आतिशो-आहन,[3] बहे-खूँ[4] की तुग़यानी[5]
फ़ज़ा की नब्ज़ बरहम[6], वक़्त के अन्दाज़ तूफ़ानी
गुलामी का सफ़ीना[7] घूमता है डगमगाता है
जवाँ मौजें लिये दामन में साहिल[8] मुस्कराता है
जवाँ मौजों प बल खाती
चली आती है आज़ादी
उठे हैं तुन्द तूफ़ाँ झूमकर ज़ख्मी हुबाबों[9] से
हवा कन्धा मिलाकर चल रही है इन्क़लाबों से
जमूदो-ख़ामशी[10] की तह में हंगामे मचलते हैं
हिलाकर कोहसारों[11] की जड़ें चश्मे उबलते हैं
चटानें तोड़ती ढाती
चली आती हैं आज़ादी
जो खूँख़्वारी[12] में यकता था, वह अपने खूँ में ग़ल्ताँ[13] है
लबे-सरमायादारी[14] आख़िरी हिचकी से लरजाँ[15] है
गले मिलती है फ़त्हो-कामरानी[16] नौजवानी से
पुराने बुत[17] गिरे जाते हैं, ताक़े-ज़िन्दगानी से

---

1. माथा, 2. ज्योति, 3. आग और लोहे की बाढ़, 4. रक्त-सागर, 5. बाढ़, तूफान, 6. क्रुद्ध, 7. नैगा, 8. तट, किनारा, 9. बुलबुला, 10. गतिरोध और निस्तब्धता, 11. पहाड़ों, 12. बेजोड़, अद्वितीय, 13. डूबा हुआ, 14. पूँजीवाद के होंट, 15. कम्पित, 16. विजय और सफलता, 17. मूर्ति।

दरो-दीवार बहलाती
चली आती है आज़ादी
सँभाला आख़िरी भी ले लिया बीमार दुनिया ने
हुए जाते हैं अपने बोझ से शल[18] ज़ुल्म के शाने[19]
तड़पकर नौ-गिरफ़्तारों[20] ने ज़िन्दाँ[21] तोड़ डाले हैं
असीराने-कुहन[22] के तौक़ गलकर गिरनेवाले हैं
कुछ ऐसी आग भड़काती
चली आती है आज़ादी
नज़र में बिजलियाँ, दिल में तड़प, साँसों में हलचल है
लबों पर फ़त्ह का मुज़्दा[23], जबीं पर सुर्ख़ आँचल है
जो बढ़कर थाम ले दामन जवाँ अश्वे[24] उसी के हैं
उलट दे बढ़ के जो घूँघट हसीं जल्वे उसी के हैं
निगाहो-दिल को तड़पाती
चली आती है आज़ादी

---

18. शिथिल, 19. कन्धे, 20. नये बन्दी, 21. जेलखाने, कारागार, 22. पुराने क़ैदी, 23. शुभ सन्देश, 24. अदाएँ।

यल्ग़ार*

जस्त[1], कड़के जैसे बर्क़े-कोहसार[2]
ग़ैज़[3], गरजे शब[4] में जैसे आबशार[5]
जोश, उमड़े जिस तरह अब्रे-बहार[6]

हिलके तूफ़ाँ का कलेजा रह गया
सर पटककर तुन्द धारा रह गया
हाँप कर रस्ते में दरिया रह गया

शहर में बल खा रही है सुर्ख़ फ़ौज
सू-ए-बर्लिन[7] जा रही है सुर्ख़ फ़ौज

बन गया तूफ़ान ज़ोया[8] का लहू
लोटते हैं अपने ख़ूँ में फ़ित्ना-जू[9]
कामराँ[10] है रूस दुनिया सुर्ख़-रू[11]

मिट रहा है ज़ुल्म का नामो-निशाँ
उड़ रही हैं नाज़ियत की धज्जियाँ
उठ रहा है क़ल्बे-वहशत[12] से धुआँ

बिजलियाँ बरसा रही हैं सुर्ख़ फ़ौज
सू-ए-बिंलन जा रही है सुर्ख़ फ़ौज

हो गया था शल[13] फ़िरासत[14] का दिमाग़
बुझ गया था क़स्रे-हस्ती[15] का चिराग़
मिट गया था शेरो-मूसीक़ी[16] का बाग़

---

1. छलाँग, 2. पर्वत की बिजली, 3. प्रकोप, गरज, 4. रात, 5. झरना, 6. बादल की शोभा, 7. बर्लिन की ओर, 8. एक रूसी वीरबाला, 9. उपद्रवी, 10. सफल, 11. विजयी, 12. पाशविकता का हृदय, 13. शिथिल, 14. निपुणता, 15. जीवन का महल, 16. कविता और संगीत।

जम गया था साज़ का नब्ज़ों में ख़ूँ
दम-ब-ख़ुद[17] था इल्म, हिकमत[18] सरनिगूँ[19]
छा गया था आदमीयत पर जुनूँ[20]

अब जुनूँ पर छा रही है सुर्ख़ फ़ौज
सूए-बर्लिन जा रही है सुर्ख़ फ़ौज

फ़त्ह की पड़ने लगीं परछाइयाँ
फट पड़ीं आफ़ाक़[21] पर रानाइयाँ[22]
इर्तिक़ा[23] लेने लगा अँगड़ाइयाँ
मुज़महिल[24] लम्हों में जाँ आने लगी
वक़्त झूमा, ज़िन्दगी गाने लगी
ज़ुल्मतों[25] में सुब्ह लहराने लगी

नूर यू छलका रही है सुर्ख़ फ़ौज
सुए-बर्लिन जा रही है सुर्ख़ फ़ौज

मुस्कराया, गुनगुनाया अह्दे-नौ[26]
दे उठी दिल को फ़सुर्दा[27] शम्अ लौ
जाग उट्ठी सीनों में आज़ादी की रौ[28]
अब यह धारा रुख़ बदल सकता नहीं
साम्राज्य अब फूल-फल सकता नहीं
क़स्रे-लानत[29] अब सँभल सकता नहीं

क़स्रे-लानत ढा रही है सुर्ख़ फ़ौज
सूए-बर्लिन जा रही है सुर्ख़ फ़ौज

---

17. स्तब्ध, मौन, 18. विज्ञान, 19. नतमस्तक, 20. उन्माद, 21. क्षितिज, (उफ़क़का बहु.), 22. सौन्दर्य, 23. विकास, 24. निष्प्राण, 25. अँधेरे, 26. नवयुग, 27. उदास, 28. धारा, 29. अभिशाप का महल।

फ़त्हे-बर्लिन

खंजरों की बाढ़ तेग़ों की रवानी ख़त्म है
रहज़नी,[1] ग़ारतगरी,[2] ईज़ा-रसानी,[3] ख़त्म है
आँधियों को ज़लज़लों की क़ह्रमानी[4] ख़त्म है
ज़िन्दगी पर हादिसों[5] की हुक्मरानी ख़त्म है
ढल गयी शब, सुब्हे-इशरत[6] का पयाम आ ही गया
आफ़्ताबे-मास्को[7] बाला-ए-बाम[8] आ ही गया

फ़त्ह का शोला लचककर फूल बरसाने लगा
सुर्ख़ परचम सीन-ए-बर्लिन पर लहराने लगा
ज़र्रा-ज़र्रा मस्त होकर रक़्स[9] फ़रमाने लगा
चहचहा उट्ठी फ़ज़ा, सारा जहाँ गाने लगा
फेंककर फ़ासिज़्म का बारे-नहूसत[10] शान से
आज ली दुनिया ने पूरी साँस इतमीनान से

ख़ारो-ख़स[11] को थी हवस, बढ़कर गुले-तर[12] तोड़ लें
जाँ-ब-लब[13] मूरो-मलख़[14] शाहीं[15] का शहपर[16] तोड़ लें
खोखली तारीकियाँ[17] और माहो-अख़्तर[18] तोड़ लें
संगपारे[19] दामने-दरिया से गौहर[20] तोड़ लें
रौंदकर दुश्मन की कश्ती और दरिया बढ़ गया
जर्मनी पर वोल्गा का, सुर्ख़ पानी चढ़ गया

---

1. बटमारी, 2. विनाश, 3. कष्ट पंहुँचाना, 4. प्रलय ढाना, 5. दुर्घटनाओं, 6. सुख-समृद्धि का प्रभात, 7. मास्को का सूर्य, 8. मुँडेर से ऊपर, 9. नृत्य, 10. अपशकुन का बोझ, 11. घास-फूस, 12. ताजा फूल, 13. मरणासन्न, जिसके प्राण होंटों पर हों, 14. कीड़े-मकोड़े, 15. उक़ाब, 16. डैना, मुख्य पंख, 17. अंधकार, 18. चाँद-तारे, 19. पत्थर के टुकड़े।

इर्तिक़ा[21] की राह में सौ जाल फैलाये गये
सौ जहन्नुम घात में जन्नत की भड़काये गये
कितने पत्थर सागरे-हस्ती[22] प बरसाये गये
कितने बादल सामने खुरशीद[23] के आये, गये
दब गयी आँधी भी, घटकर रह गया तूफ़ान भी
ले लिया मेहनतकशों ने आज का मैदान भी

हाँ मुबारक हो उन्हें ये कामयाबी यह खुशी
बख़्श दी जिन मनचलों ने ज़िन्दगी को ज़िन्दगी
उन शहीदों को ख़बर कर दे कोई इस ईद की
जिनकी गाती गुनगुनाती नौजवानी लुट गयी
दह्र[24] में बजता है डंका आज उनके नाम का
सो गये जो मोड़कर रुख़[25] गर्दिशे-अय्याम[26] का

हाँ मुबारक हो उन्हें यह कामरानी[27] यह बहार
कर दिया फ़ासिज़्म का परचम जिन्होंने तार-तार
उन दिलेरों के गले में डाल दो फूलों के हार
बढ़ गया जिनके अमल से आदमीयत का वक़ार[28]
ऐ उरूसे-दह्र[29] खुलकर गुनगुना लें झूम ले
रूहे-गेती[30] बढ़के स्तालिन के बाज़ू चूम ले

---

21. विकास, प्रगति, 22. जीवन का सुरा-पात्र, 23. सूरज, 24. संसार, 25. दिशा, 26. कालचक्र, 27. सफलता, 28. गौरव, 29. सृष्टि-वधू, 30. धरती की आत्मा।

खेतों को, ख़िरमनों[31] को गुलसितानों को सलाम
तज दिया सब कुछ जिन्होंने उन किसानों को सलाम
टैंकों, गोलों, जहाज़ों, बादबानों को सलाम
जिनमें बम ढाले गये, उन कारखानों को सलाम
अब कभी नाकामियों का ज़ख्म भर सकता नहीं
इस तरह कुचला गया फ़ित्ना[32] उभर सकता नहीं

कह दो झूमें बाग़ो-सहरा[33] गुनगुनायें आबशार[34]
अब न लहरायेंगे शोले,[35] अब न बरसेंगे शरार[36]
मिट गया नाज़ी लुटेरों का दो-रोज़ा[37] इक़्तेदार[38]
दौड़ जा झुलसे हुए खेतों प, ऐ रंगे-बहार!
साथ अपने फ़ित्नागर फ़ित्नों की दुनिया ले गये
जो शगूफ़ों[39] को कुचलते थे, कुचल डाले गये

कह दो धो डालें वो माँएँ मुस्कराकर दिल के दाग़
जल गये थे जिनके ख़िरमन, लुट गये थे जिनक बाग़
कह दो अब उठकर जलायें देवियाँ घी के चिराग़
मिट गये जो तोड़ते-फिरते थे इस्मत[40] के अयाग़[41]
ज़िन्दगी पा-ए-अज़ल[42] पर जबींसाई[43] कर चुकी
अह्रमन[44] की नस्ल दुनिया पर खुदाई कर चुकी

---

31. खलिहानों, 32. उपद्रव, 33. उपवन और निर्जन, 34. झरना, 35. ज्वालाएँ, 36 चिन्गारियाँ, 37. दो दिन का, 38. सत्ता, 39. कलियों, 40. सतीत्व, शील, 41. प्याला, 42. मृत्यु के चरण, 43. माथा घिसना, 43. बदी का देवता।

कह दो अह्ले-इल्म[45] फिर ज़ौक़े-नजर[46] पैदा करें
फिर अदब[47] के फूल, हिकमत[48] के गुहर[49] पैदा करें
तीरगी[50] के बत्न[51] से नूरे-सहर[52] पैदा करें
ख़ामशी से नगमा[53] नगमों से शरर[54] पैदा करें
जिनको चिढ़ थी इल्मो-हिकमत से, अदब से, राग से
हो गये ठण्डे उलझकर ज़िन्दगी की आग से

कह दो गूँज उट्ठे तरानों से दिले-अर्ज़ो-समा[55]
कह दो उतरे चाँदनी दमके फ़जा, महके हवा
जगमगा ऐ खए-तहज़ीबो-तमद्दुन[56] ज़गमगा
रक़्स[57] कर ऐ रूहे-मुस्तक़बिल,[58] थिरक ऐ इर्तिक़ा[59]
जश्न यह हव्वा का है और ईद ये आदम की है
कारनामा रूस का है फ़त्ह इक आलम की है

कह दो छलके, कह दो बरसे, मस्त आँखों से शराब
लहलहायें आरिज़ों[60] के फूल, माथों के गुलाब
आज से आतिशनवा[61] 'कैफ़ी' उठा लेगा रबाब[62]
मुस्कराये हुस्न, गाये इश्क़, जाग उट्ठे शबाब[63]
मुज़्तरिब[64] शायर भी उनवाने-तरब[65] पा ही गया
कम-से-कम आज एक पहलू, तो क़रार[66] आ ही गया।

---

45. विद्वान्, ज्ञानी, 46. दृष्टि की सुरुचि, 47. साहित्य, 48. विज्ञान, 49. मोती, 50. अन्धकार, 51. कोख, गर्भ, 52. प्रभात का प्रकाश, 53. गीत, 54. चिन्गारी, 55. धरती और आकाश का हृदय, 56. सभ्यता और संस्कृति का चेहरा, 57. नृत्य, 58. भविष्य की आत्मा, 59. विकास, प्रगति, 60. गालों, 61. जिसकी वाणी में ज्वाला हो, 62. सितार जैसा बाजा, 63. यौवन, 64. बेचैन, 65. उल्लास का शीर्षक (विषय), 66. चैन।

सरोजिनी नायडू

अजीज़ माँ, मेरी हँसमुख, मेरी बहादुर माँ
तमाम जौहरे-फ़ितरत[1] जगा दिये तूने
मुहब्बत अपने चमन से, गुलों से, ख़ारों[2] से
मुहब्बतों के ख़ज़ाने लुटा दिये तूने

बना-बना के मिटाये गये नुकूशे-अमल[3]
तेरे बग़ैर मुकम्मल[4] न हो सकी तस्वीर
वो ख़्वाब झाँसी की रानी को जिसने चौंकाया
तेरा जिहादे-मुसलसल[5] उसी की है ताबीर[6]

इसे हयात का सोलह सिंगार कहते हैं
तेरी जबीं[8] प हैं कुछ सिलवटें भी, टीका भी
नजर में जज्बे-यकीं,[9] दिल में सोज़े-आज़ादी[10]
दहकता फूल भी है तू, महकता शोला भी

ज़रा ज़मीन को महवर[11] प घूम लेने दे
समाज तुझसे तेरा सोज़ो-साज़[12] माँगेगी
जमाल[13] सीखेगा खुद-एतमादियाँ[14] तुझसे
हयाते-नौ[15] तेरे दिल का गुदाज़[16] माँगेगी।

---

1. प्रकृति की शक्तियाँ, 2. काँटों, 3. व्यवहार की आकृतियाँ, 4. पूरी, 5. निरन्तर संघर्ष, 6. परिणति, साकार रूप, 7. जीवन, 8. माया, 9. विश्वास का आकर्षण, 10. स्वतन्त्रता की ज्वाला (तड़प), 11. धुरी, 12. तड़प और संगीत, 13. सौन्दर्य, 14. आत्म-विश्वास, 15. नवजीवन, 16. कोमलता।

रक़्क़ास[1] शरारा[2]

दो निगाहों का अचानक वो तसादुम,[3] तोबा
ठेस लगते ही उड़ा इश्क़ शरारा बनकर
उड़के पहले उन्हीं झेंपी हुई नजरों में रुका
नर्म, मासूम, हँसी, मस्त इशारा बनकर
फिर निगह से अरक-आलूद[4] जबीं[5] पर झलका
पंखड़ी फूल, गुहर[6] लाल, सितारा बनकर
ढलके माथे से उतर आया गुले-आरिज़[7] में
रंग, रस, शहद, नहीं इनसे भी प्यारा बनकर
गुले-आरिज़ से सिमट आया लबे-रंगीं में
राग, मय, लहर, हँसी, बर्क़[8] का धारा बनकर
लबे-गुलरंग से फिर रेंग गया बाँहों में
लोच ख़म, जज़्ब[9] मचलता हुआ पारा बनकर
बसके बाँहों की गुदाज़ी[10] मैं चला दिल की तरफ़
चाह, अल्ताफ़[11] करम, प्यार, मुदारा[12] बनकर

दिल में डूबा था कि बस फूट पड़ा रग-रग से
जाने-दिल, जाने-नज़र, जाने नज़ारा बनकर

---

1. नाचती हुई, 2. चिन्गारीर, 3. टकराव, 4. भीगा हुआ, 5. माथा, 6. मोती, 7. गालों के फूल, 8. बिजली, 9. आकर्षण, 10. मांसलता, 11. कृपा, 12. सत्कार, आवभगत।

पैकरे-हुस्न[13] से फिर उड़ के चला मेरी तरफ
एक बदमस्त जवानी का उतारा बनकर
रहज़ने-होश[14] मगर होश का पैग़ाम लिये
दुश्मने-ज़ब्त[15] मगर ज़ब्त का यारा[16] बनकर
दर्द-ही-दर्द मगर वजूहे-सकूँ[17] वजूहे-तरब[18]
सोज़-ही-सोज़ मगर जान से प्यारा बनकर
आते ही छा गया खोयी हुई हस्ती प मेरी
मेरी खोयी हुई हस्ती का सहारा बनकर

अब शरारा ही उसके दिले-बेदार में है
और 'कैफ़ी' मेरे तपते हुए अशआर[19] में है।

---

13. रूप की काया, 14. चेतना का बटमार, 15. धीरज का शत्रु, 16. संबल, अवलम्ब, 17. शान्ति का कारण, 18. उल्लास का कारण, 19. कविता (शे'र का बहुवचन)।

कशमकश

(वर्ग-संघर्ष में मध्यम वर्ग की दुविधा)

मेरे अल्लाह!
मैं किधर जाऊँ?

फिर है फ़ितरत ने आग भड़कायी   दो हरीफ़ों[1] में है सफ़-आराई[2]
इक तरफ क़ैसरी-ओ-दाराई[3]   इक तरफ मुफ़लिसी है झल्लायी

मेरे अल्लाह!
मैं किधर जाऊँ?

इक तरफ ज़ोर है हुकूमत है   माल है, मुल्क है, सियासत है
इक तरफ वलवले[4] हैं मेहनत है   शोर है, जोश है, बग़ावत है

मेरे अल्लाह!
मैं किधर जाऊँ?

इक तरफ असलहे[5] खड़कते हैं   बैण्ड से दश्तो-दर[6] धड़कते हैं
इक तरफ सिर्फ़ दिल फड़कते हैं   जैसे आतिशक़दे[7] भड़कते हैं

गेरे अल्लाह!
गैं किधर जाऊँ?

मुँह खुला है उधर ख़ज़ाने का   मुड़ रहा है वरक़ ज़माने का
और इधर क़हत दाने-दाने का   क़स्द[8] फिर भी पहाड़ ढाने का

मेरे अल्लाह!
मैं किधर जाऊँ?

---

1. शत्रुओं, 2. मोर्चेबन्दी, 3. धन-सत्ता (क़ैसर और दारा जैसे राजाओं की सत्ता), 4. उमंग, 5. हथियार, 6. जंगल और द्वार (बस्तियाँ), 7. अग्नि कुण्ड, 8. निश्चय, संकल्प।

जब उधर की हवाएँ आती हैं दिल के हर तार को बजाती हैं
इस तरफ जब निगाहें जाती हैं बिजलियाँ सर में कड़कड़ाती हैं
मेरे अल्लाह!
मैं किधर जाऊँ?
उनको[9] रहमत का वोट हासिल है उनमें फ़ितरत[10] का ज़ोर शामिल है
बीच में हूँ अजीब मुश्किल है इक तरफ आँख, इक तरफ दिल है
मेरे अल्लाह!
मैं किधर जाऊँ?
जज्ब होने जो उनमें जाता हूँ खुद को कुछ अजनबी-सा पाता हूँ
करके हिम्मत उधर जो आता हूँ नाम अजदाद[11] का हँसाता हूँ
मेरे अल्लाह!
मैं किधर जाऊँ?
तू न देगा अगर जवाब मुझे मार डालेगा इज़्तेराब[12] मुझे
खुद नहीं सोचने की ताब मुझे खींचे लेता है इन्क़लाब मुझे
मेरे अल्लाह!
मैं किधर जाऊँ?

---

9. ईश-कृपा, 10. प्रकृति, 11. पूर्वज, 12. बेचैनी।

पहला सलाम

एक चंचल झिझक़, एक अल्हड़ पयाम[1]
हाय 'कैफ़ी' किसी का वो पहला सलाम

फूल रुख़सार[2] के रसमसाने लगे
हाथ उट्ठा क़दम डगमगाने लगे

रंग-सा ख़ालो-ख़द[3] से छलकने लगा
सर से रंगीन आँचल ढलकने लगा

अजनबीयत निगाहें चुराने लगी
दिल धड़कने लगा, लहर आने लगी

साँस में इक गुलाबी गिरह पड़ गयी
होंट थर्राये, सिमटे, नज़र गड़ गयी

रह गया उम्र भर के लिए यह हिजाब[4]
क्यों न सँभला हुआ दे सका मैं जवाब

क्यों मैं बे-क़स्द[5], बे-अज़्म[6], बे-वास्ता[7]
दूसरी सिम्त घबरा के तकने लगा।

---

1. सन्देश, 2. गाल, 3. सुन्दर मुखड़ा (खाल-काला तिल;-ख़द गाल) 4. संकोच, 5. अनायास, 6. बिना किसी इरादे के, 7. निरीह भाव से।

तजदीद

तलातुम,[1] वलवले,[2] हैजान,[3] अरमान
सब उसके साथ रुख़सत हो चुके थे
यक़ीं था अब न हँसना है न रोना
कुछ इतना हँस चुके थे रो चुके थे

किसी ने आज इक अँगड़ाई लेकर
नजर में रेशमी गिरहें लगा दीं
तलातुम, वलवले, हैजान, अरमान
वही चिनगारियाँ फिर मुस्करा दीं।

---

1. बाढ़, तूफ़ान, उद्वेग, 2. उमंगें, 3. उद्विग्नता।

हौसला

तू ख़ुरशीद[1] है बादलों में न छुप
तू महताब[2] है जगमगाना न छोड़

तू शोख़ी है, शोख़ी रिआयत न कर
तू बिजली है बिजली, जलाना न छोड़

अभी इश्क़ ने हार मानी नहीं
अभी इश्क़ को आज़माना न छोड़।

---

1. सूरज, 2. चाँद।

तबस्सुम

इक कली नूरदीद-ए-गुलज़ार[1]
गौहरे-शब[2] चिरागे़-बाग़ो-बहार[3]
नर्म, नाज़ुक, शगुफ़्ता, लालगूँ
शोख़, मासूम, बे-ज़बा, तर्रार[4]
मुझ पे रंगीनियाँ लुटाती थी

लुत्फ़े नज्ज़ारगी[5] मिटा ही दिया
मैंने दस्ते-तलब[6] बढ़ा ही दिया
पंखड़ी में निहा थी चिंगारी
हाथ जिसने मेरा जला ही दिया
और कली मुझ प मुस्कराती थी

---

1. उपवन की आँखों की ज्योति (बेटी), 2. रात का मोती, 3. प्रकाश-मान दीप, 4. चंचल, 5. सुन्दर दृश्य देखने का आनन्द, 6. कामना का हाथ।

नर्सों की मुहाफ़िज़[1]

जवानी अपनी किस तरह गुज़ारी है तूने
कि अब हर उठती जवानी से बदगुमान[2] है तू
ये फ़र्द-जुर्म[3] किसी और की ज़बा पर नहीं
खुद अपने अहदे-गुज़िश्ता[4] की तर्जुमान[5] है तू

वो चेहरे जिनमें फ़रोज़ाँ[6] है इस्मते-मरियम[7]
तू उन प अपने गुनाहों का अक्स डालती है
तेरा ज़मीर[8] है तेरा,[9] महो-नजूम[10] नहीं
महो-नजूम प तू तीरगी[11] उछालती है

मिटा दिया तेरे चेहरे की झुर्रियों ने जिसे
तू उस निखार की अब ताब ला नहीं सकती
हँसी को जुर्म समझने का ये सबब तो नहीं
कि हँसी तेरे होंटों प आ नहीं सकती।

---

1. सुरक्षा करने वाली, 2. नाराज़, रूठी हुई, 3. अपराधों की सूची, 4. बीता हुआ युग, 5. व्यक्त करने वाला, 6. प्रकाशमान, 7. देवी मरियम का शील, 8. अन्तःकरण, 9. अन्ध ाकारमय, 10. चाँद-तारे, 11. अन्धकार।

बिठा दिये तो हैं पहरे क़दम-क़दम प मगर
झिझक के चलने में लड़ाज़िश[12] ज़रूर होती है
गुनाह होते हैं दाख़िल वहीं से फ़ितरत[13] में
जवानी अपना जहाँ एतबार खोती है

ये तितलियाँ जिन्हें मुट्ठी में भींच रखा है
जो उड़ने पायें तो उलझें कभी न ख़ारों[14] से
तेरी तरह ये भी कहीं न बुझ के रह जायें
तपिश निचोड़ न इन नाचते शरारों[16] से।

---

12. बड़खड़ाहट, 13. प्रकृति, स्वभाव, 14. काँटों, 15. आँच, गर्मी, 16. चिनगारियों।

नग़मगी

ये रात की ख़ामोशियाँ, ये 'हाय रामा' की पुकार
जैसे सुकूते-शाम[1] की गोदी में तड़पे आबशार[2]
किरनों के नश्तर[3] छू रहे हों या रगे-अब्रे-बहार[4]
थर्रा उठे हस्ती के तार
ऐ बिन्ते-मरियम[5] गुनगुना
ऐ जाने-नग़मा[6] गाये जा

आवाज़ तेरी जिस तरह जुगनू चमक जाये कोई
या सुब्ह की आग़ोश[7] में गुंचा[8] चटक जाये कोई
मौजों[9] के आईने में या मोती झलक जाये कोई
सागर[10] छलक जाये कोई
ऐ बिन्ते-मरियम गुनगुना
ऐ जाने-नगमा गाये जा

या ज़ेरे-दामाने-उफ़ुक़[11] छूटी अचानक फुलझाड़ी
या दस्ते-साक़ी काँप उट्ठा और गुलाबी[12] गिर पड़ी
या इक जवाँ अँगड़ाई ने बिखरा दी मोती की लड़ी
बरछी-सी दिल में आ गड़ी
ऐ बिन्ते मरियम गुनगुना
ऐ जाने-नगमा गाये जा

---

1. सन्ध्या की निस्तब्धता, 2. झरना, 3. चाकू, 4. बसन्त ऋतु के बादल की नस, 5. मरियम की बेटी, 6. गीत का प्राण, 7. गोद, 8. कली, 9. लहरों, 10. सुरा-पात्र, 11. क्षितिज के आँचल के नीचे, 12. मदिरा।

या बज रही हों झुटपुटे में मन्दिरों की घण्टियाँ
या मुँह-अँधेरे दूर से आती हो आवाज़े-अज़ाँ[13]
या बन्द कर दे झेंप कर ख़िल्वत[14] की कोई खिड़कियाँ
और बज रही हों चूड़ियाँ
ऐ बिन्ते मरियम गुनगुना
ऐ जाने-नगमा गाये जा

जैसे शगूफ़ों[15] में समाकर गुनगुनाती है हवा
जैसे ख़ला[16] में रात को घुँघरू बजाती है घटा
जैसे किसी दोशीज़ा[17] के दिल के धड़कने की सदा[18]
ज़िन्दा रहे नग़मा तेरा
ऐ बिन्ते-मरियम गुनगुना
ऐ जाने-नग़मा गाये जा

फिर हो चला है दिल सुबुक, नग़मों[19] में दिल को तोल दे
फिर तल्ख़िए-एहसास[20] में आवाज़ का रस घोल दे
फैला है दामन देर से, थोड़े से मोती रोल दे
साँसों की गिरहें खोल दे
ऐ बिन्ते मरियम गुनगुना
ऐ जाने-नगमा गाये जा।

---

13. नमाज का बुलावा, 14. एकान्त कक्ष, 15. कलियों, 16. शून्य, 17. नवयौवना, 18. आवाज़, पुकार, 19. क्षीण, 20. आभास की कटुता।

तुम

शगुफ़्तगी[1] का, लताफ़त[2] का शाहकार[3] हो तुम
फ़क़त बहार नहीं, हासिले-बहार[4] हो तुम
जो एक फूल में है क़ैद, वो गुलसिताँ हो
जो इक कली में है पिन्हाँ[5] वो लालाज़ार[6] हो तुम
हलावतों[7] की तमन्ना, मलाहतों[8] की मुराद
गुरूर कलियों का, फूलों का इनकिसार[9] हो तुम
जिसे तरंग में फ़ितरत[10] ने गुनगुनाया है
वो भैरवी हो, वो दीपक हो, वो मल्हार हो तुम
तुम्हारे जिस्म में ख़्वाबीदा[11] हैं हज़ारों राग
निगाह छेड़ती है जिसको वो सितार हो तुम
जिसे उठा न सकी जुस्तजू[12] वो मोती हो
जिसे न गूँध सकी आरजू[13] वो हार हो तुम
जिसे न बूझ सका इश्क़ वो पहेली हो
जिसे समझ न सका प्यार भी, वो प्यार हो तुम
खुदा करे किसी दागन में जज़्ब हो न सकें
ये मेरे अश्के-हसीं[14] जिनसे आशकार[15] हो तुम

---

1. प्रफुल्लता, 2. कोमलता, 3. श्रेष्ठ कृति, 4. वसन्त ऋतु का कुल निचोड़, 5. निहित, छुपी हुई, 6. उपवन, वाटिका, 7. मिठास, 8. लावण्य, 9. विनम्रता, 10. प्रकृति, 11. सोये हुए, 12. तलाश, 13. कागना, 14. सुन्दर आँसू, 15. प्रकट।

तसव्वुर

ये किस तरह याद आ रही हो, ये ख़्वाब कैसा दिखा रही हो
कि जैसे सचमुच निगाह के सामने खड़ी मुस्करा रही हो

ये जिस्मे-नाज़ुक, ये नर्म बाँहें, हसीन गर्दन, सुडौल बाज़ू
शिगुफ़्ता[1] चेहरा, सलोनी रंगत, घनेरा जूड़ा, सियाह गेसू[2]
नशीली आँखें, रसीली चितवन, दराज़[3] पलकें, महीन अबरू[4]
तमाम शोख़ी, तमाम बिजली, तमाम मस्ती, तमाम जादू

हज़ारों जादू जगा रही हो
ये ख़्वाब कैसा दिखा रही हो

गुलाबी लब[5] मुस्कराते आरिज़,[6] जबीं[7] कुशादा,[8] बलंद क़ामत[9]
निगाह में बिजलियों की झिलमिल, अदाओं में शबनमी लताफ़त[10]
धड़कता सीना, महकती साँसें, नवा[11] में रस, अँखड़ियों में अमृत
हमा[12] हलावत,[13] हमा मलाहत,[14] हमा तरन्नुम,[15] हमा नजाकत

लचक-लचक गुनगुना रही हो
ये ख़्वाब कैसा दिखा रही हो

---

1. खिला हुआ, 2. बाल, 3. लम्बी, 4. भवें, 5. होंट, 6. गाल, 7. माथा, 8. चौड़ा, 9. क़द, 10. मृदुलता, कोमलता, 11. बोली, 12. तमाम, साकार, 13. मिठास, 14. लावण्य, 15. स्वर-माध ुर्य।

तो क्या मुझे तुम जिला ही लोगी, गले से अपने लगा ही लोगी
जो फूल जूड़े से गिर पड़ा है तड़प के उसको उठा ही लोगी
भड़कते शोलों, कड़कती बिजली से मेरा ख़िरमन[16] बचा ही लोगी
घनेरी ज़ुल्फ़ों की छाँव में मुझको मुस्करा के छुपा ही लोगी
कि आज तक आज़मा रही हो
ये ख़्वाब कैसा दिखा रही हो

नहीं मुहब्बत की कोई क़ीमत, जो कोई क़ीमत अदा करोगी
वफ़ा की फ़ुर्सत न देगी दुनिया, हज़ार गर तुम वफ़ा करोगी
मुझे बहलने दो रंजो-ग़म से, सहारे कब तक दिया करोगी
जुनूँ[17] को इतना न गुदगुदाओं, पकड़ लू दामन तो क्या करोगी
क़रीब बढ़ती ही आ रही हो
ये ख़्वाब कैसा दिखा रही हो।

---

16. खलिहान, 17. उन्माद।

दो रातें

उलझे-उलझे हुए जज्बात न पूछ
सहमी-सहमी-सी इनायत[1] न पूछ
बार-बार उसका करम[2] फ़रमाना
चुपके-चुपके सरे-बालीं[3] आना
जाने क्या-क्या वो मुझे समझाना
और आप ही शरमा जाना
मुख़्तसर[4] कितनी थी वो रात न पूछ

आह ममनूने-असर[5] हो कि न हो
देखिये रात बसर-हो कि न हो
अब्र[6] उजड़े हुए मँडलाये हुए
तौर[7] सहमे हुए घबराये हुए
अश्क़[8] रुख़सार[9] प कुछ आये हुए
और कुछ पलकों में थर्राये हुए
अब खुदा जाने सहर हो कि न हो

---

1. कृपाएँ, 2. कृपालुता, 3. सिराहने, 4. छोटी, 5. प्रभाव की आभारी, प्रभाव की आभारी, प्रभावशाली, 6. बादल, 7. आचरण, 8. आँसू, 9. गाल।

मुलाक़ात

कली का रूप फूल का निखार लेके आयी थी
वो आज कुल ख़ज़ाना-ए-बहार लेके आयी थी
जबीने-ताबनाक[1] में खिली हुई थी चाँदनी
वो चाँदनी में अक्से-लालाज़ार[2] लेके आयी थी
तमाम रात जागने के बाद चश्मे-मस्त[3] में
यकीं का रस उमीद का खुमार[4] लेके आयी थी
गुलाबी अँखड़ियों की सहरकारियों[5] में ख़ंदाज़न[6]
गुरूरे-फ़त्हो-रंग-एतबार[7] लेके आयी थी
वो सादा-सादा आरिज़ों[8] की शक्करीं मलाहतें[9]
मलाहतों में सुर्खिए-अनार लेके आयी थी
लबे-शिगुफ़्ता-ओ-हसीं में गुदगुदी शराब की
शराब में घुले हुए शरार[10] लेके आयी थी
दराज़ ज़ुल्फ़ में गुँधी हुई मालवे की रात
स्याह लटों में शामे-वादाख़ार[11] लेके आयी थी
वो क़ामते-बलन्द[12] जैसे भैरवी की मस्त तान
वो लोच जैसे मौजे-जूए-वार[13] लेके आयी थी
ख़िराग[14] जैसे पंग लेती हैं नयी जवानियाँ
क़याम[15] जैसे दौलते-क़रार[15] लेके आयी थी
मिज़्ह-मिज़्ह[17] प जगमगा रहे थे अख़्तरे-उमीद[18]
पलक-पलक प शामे-इन्तेज़ार लेके आयी थी
नफस-नफस[19] में नगमा-ए-मसीह[20] की हलावतें
नजर-नजर में मरियमी विक़ार[21] लेके आयी थी

---

1. चमकता माथा, 2. उपवन की परछाईं, 3. मादक नैन, 4. नशा, 5. जादूगरी, 6. हँसती हुई, 7. विजय का गर्व और विश्वास का भाव, 8. गालों, 9. लावण्य, 10. चिन्गारी, 11. शराबी की शाम, 12. लम्बा क़द, 13. बहती धारा की लहर, 14. चाल, 15. ठहरना, 16.स्थिरता की निधि I, 17. पलक, चितवन, 18. आशा के तारे, 19. साँस, 20. ईसाका गीत, 21. गरिमा।

अदा-अदा में खुसरवाना[22] बाँकपन रचा हुआ
नुक़ूशे-पा[23] में ताजे-शहरयार[24] लेके आयी थी
हर एक नाज़िशे-हसीं[25] सलोना बाकपन लिये हुए
सलोनेपन में सुब्हे-कोहसार[26] लेके आयी थी
वो गाती गुनगुनाती नौजवानी की ख़ामोशियाँ
ख़ामोशियों में वक़्त की पुकार लेके आयी थी
बसन्ती सारी में छुपा हुआ सादा जवाँ बदन
जवाँ बदन प रेशमी बहार लेके आयी थी
वो सन्दली कलाइयाँ, वो सब्ज़ो-सुर्ख़ चूड़ियाँ
सुहाग लेके आयी थी, सिंगार लेके आयी थी
पसीने की हर बूँद में थे ज्यूँ निशाने-नजूम[27]
जबीं प जुगनुओं की इक क़तार लेके आयी थी
चटक रही थी क़हक़हों में हरिंसगार की कली
हँसी में नूरो-रंग की फुआर लेके आयी थी
लहक रहे थे अँखड़ियों में गुलसिताँ-ही-गुलसिताँ
निगाह में बहार ही बहार लेके आयी थी
मेरी उजाड़ ज़िन्दगी की चिलचिलाती धूप में
वो गेसुओं का अब्रे-इत्रवार[28] लेके आयी थी
जली-जली रविश[29] को दे रही थी मुज़्दए-नुमूँ[30]
तपी-तपी ज़मीं प आबशार लेके आयी थी
उदास-उदास ज़ीस्त[31] को सुना रही थी बाँसुरी
घुटे-घुटे सुकूत[32] में सितार लेके आयी थी
निगाहों-दिल का ज़िक्र क्या, तड़प के रूह रह गयी
कुछ इस अदा से दावते-क़रार[33] लेके आयी थी।

---

22. शाही, खुसरी जैसा, 23. पद-चिन्ह, 24. राजमुकुट, 25. सुन्दर अदा, 26. पर्वत का प्रभात, 27. सितारों के चिन्ह, 28. सुगन्धित बादल, 29. क्यारी, 30. विकास का शुभ-सन्देश, 31. जीवन, 32. निस्तब्धता, 33. शान्ति का निमन्त्रण।

माहौल

तबीअत जब्रिया तस्कीन से घबरायी जाती है
हँसूँ कैसे, हँसी कमबख़्त तो मुरझायी जाती है
बहुत चमका रहा हूँ ख़ालो-ख़त[1] को सइ-ए-रंगीं[2] से
मगर पज़मुर्दगी[3]-सी ख़ालो-ख़त पर छायी जाती है
उमीदों की तजल्ली[4] खूब बरसी शीश-ए-दिल पर
मगर जो गर्द थी तह में वो अब तक पायी जाती है
जवानी छेड़ती है लाख ख़्वाबीदा[5] तमन्ना को
तमन्ना है कि उसको नींद ही सी आयी जाती है
मुहब्बत की निगूँस्तरी[6] से दिल डूबा-सा रहता है
मुहब्बत दिल के इज़्महलाल[7] से शरमायी जाती है
फ़जा का सोग उतरा आ रहा है ज़र्फ़े-हस्ती[8] में
निगाहे-शौक़[9], रूहे-आरज़ू[10] कजलायी जाती है
ये रगे-मय नहीं साक़ी, झलक है खूँशुदा दिल की
जो इक धुँधली-सी सुर्ख़ी अँखड़ियों में पायी जाती है
मेरे मुतरिब[11] न दे लिल्लाह मुझको दावते-नगमा[12]
कहीं साज़े-गुलामी पर ग़ज़ल भी गयी जाती है।

---

1. रूप की आकृति, 2. रंगीन प्रयास, 3. मुरझाहट, 4. आभा, 5. सोयी हुई, 6. अधीमुखता, 7. शिथिलता, 8. जीवन-पात्र, 9. उत्सुक दृष्टि, 10. कामना की आत्मा, 11. गायक, 12. गीत का निमन्त्रण।

सुब्हे-वतन

(1)

ये रसीली सहर, ये भीगी फ़जा
ये धुँधलका, ये मस्त नजारे
मय में ग़ल्ताँ है डूबता महताब
रस में डूबे हैं मलगजे तारे
बे-तकल्लुफ़ समाँ, ये जंगल का
हूर देखे तो खुल्द को वारे
ये घने नख्ल, ये हरे पौधे
जिनमें टाँके हैं ओस ने तारे
हाय, ये सुर्ख़-सुर्ख़ ढाक के फूल
ठण्डे-ठण्डे दहकते अंगारे

(2)

मुस्कराया वो तिफ़्लके-मशरिक़
जगमगाये वो दश्तो-दर सारे
ली शुआओं ने तन के अँगड़ाई
रेंगकर नूर के बहे धारे
किरनें लचकीं, वो रंग-सा बरसा
वो छुटे सुर्ख़ व ज़र्द फ़व्वारे
वो गुलों की धड़क उठी छाती
वो खुश-अल्हान बाग़ चहकारे
किसको पहलू से हम उठाके दिखलायें
आज सुब्हे-वतन के नज़्ज़ारे
और सब कुछ है तुम नहीं लेकिन
तुम नहीं हो तो कुछ नहीं प्यारे

---

1. डूबा हुआ, 2. चाँद, 3. स्वर्ग, 4. पेड़, 5. पूरब का बच्चा, सूरज, 6. किरणों, सुरीला।

मुग़न्निया[1]

वो शाम थी कितनी मस्तो-बेख़ुद, जो मुझको बेख़ुद बना रही थी
इक आग दिल की बुझा रही थी, इक आग दिल में लगा रही थी
नफ़स[2] में हल हो रही थीं पैहम[3] हवा की पुरकैफ़ो[4]-नर्म लहरें
फ़ज़ा की मस्ती सिमट-सिमटकर दिलो-नजर में समा रही थी
धुआँ-धुआँ था शफ़क[5] का चेहरा, बुझी-बुझी थीं सुनहरी किरनें
हर-एक शै में थी बेख़ुदी-सी, हर एक शै सोयी जा रही थी
धनक की रंगीन धारियों पर भी डाल दी थी घटा ने चादर
घटा की चादर में भी मचलती हुई धनक जगमगा रही थी
न शाम थी वह न झुटपुटा था, उठी थी इक भाप मयकदे से
जो रंग बनकर बरस रही थी, जो ख़ामशी बनके छा रही थी
इसी लतीफ़[6] और ख़ुनुक[7] हवा में, इसी जमील[8] और हसीं फ़ज़ा में
खड़ी हुई रहगुज़र प कोई जवाँ फ़ुसूँसाज़[9] गा रही थी
वो बाँसुरी की लतीफ़ लहरें, लतीफ़ लहरों में उसके नगमें
ज़माना मसहूर[10] हो रहा था, ख़ुदाई हचकोले खा रही थी
नजर में मूसीक़ियत लरजाँ, मचल रहे थे नफस में नगमें
शबाब[11] भी गुनगुना रहा था, हयात[12] भी गुनगुना रही थी
निगाह-नग़मा ख़िराम[13] नगमा, कलाम[14] नगमा, पयाम[15] नगमा
हवा में नगमें समो रही थी, फ़ज़ा में नगमें घुला रही थी
सलोने होंटों की लरिजशों[16] में थी परफ़िशाँ[17] रूह मयकदे की
नज़र की सरशारियों में तख़ईले-सामिरी[18] थरथरा रही थी
उसी के जलवे, उसी का परतौ[19], उसी के नगमे, उसी का जादू
उसी की दुनिया बसी हुई थी जिधर वह नजरें उठा रही थी

---

1. गायक, 2. साँस, 3. निरन्तर, 4. मादक, 5. सूर्यास्त की लाली, 6. सुखद, मृदुल, 7. शीतल, 8. सुन्दर, 9. जादूगरनी, 10. मन्त्रमुग्ध, जादू के प्रभाव में, 11. यौवन, 12. जीवन, 13. चाल, 14. बोलना, 15. सन्देश, 16. कम्पनों, 17. फड़फड़ाती हुई, 18. प्रसिद्ध जादूगर सामिरी की कल्पना, 19. परछाईं।

दिलों की हालत इलाही तौबा, रुख़ों की रंगत इलाही तौबा
कभी कोई लहर आ रही थी, कभी कोई लहर जा रही थी
अदा में नर्मी, नवा[20] में गर्मी निगह में शोखी, मिज़्ह[21] में जादू
हर इक को मस्ती-ख़राब करके हर एक पर मुस्करा रही थी
कभी नज़र-से-नज़र मिलाकर, कभी नज़र-से-नज़र बचाकर
डुबो रही थी, मिटा रही थी, पिला रही थी, छका रही थी
हर इक से बेगाना बन रही थी, दिलों को दे-देके नर्म झटके
न किसी की न कोई मेरा, ये अजनबीयत बता रही थी
लबों प जाँ खिंच के आ गयी थी, बिगड़ चला था निज़ामे हस्ती[22]
वो मस्त लहरों में बाँसुरी की दिलों को झूला झुला रही थी
कहीं वो शाम आये 'कैफ़ी', मैं डूब जाऊँ वह गाये 'कैफ़ी'
उसी तरह फिर मिटाये 'कैफ़ी' कि जिस तरह से मिटा रही थी।

---

20. स्वर, 21. चितवन, 22. जीवन की व्यवस्था।

दस्तूरे-बख़्शिश[1]

लबालब हैं कहीं सागर, कहीं ख़ाली पियाले हैं
ये कैसा दौर है साक़ी, ये क्या तक़सीम है साक़ी
नहीं पहचानता तेवर अभी तू तिश्नाकामों[2] के
तेरा दस्तूरे-बख़्शिश लायके-तरमीम है साक़ी।

---

1. दान-पद्धति, 2. प्यासों, 3. बदलने योग्य।

बाँसुरी का लहरा

न जाने चाँद ये थर्रा रहा है
कि कोई जामे-मय छलका रहा है

जमीं आईना होती जा रही है
फ़लक[1] काफूर-सा बरसा रहा है

खुपा जाता है कुहरा चाँदनी में
धुआँ सीमाब[2] बनता जा रहा है

शुआएँ[3] क़ैद हैं दामे-हवा[4] में
फ़जा में रंग-सा बल खा रहा है

हवाएँ इस तरह इठला रही हैं
कि रस पौधों का छलका जा रहा है

जहाँ पर इक ख़ामोशी छा रही है
ख़ामोशी पर तरन्नुम[5] छा रहा है

किसी ने बाँसुरी भी लो बजा दी
कोई दिल पर क़यामत ढा रहा है

सुकूते-शब[6] का ख़्वाबआवर[7] फ़साना
सुरों में जज्ब होता जा रहा है

उभरती जाती हैं रह-रह के तानें
फ़लक थर्राके उठता जा रहा है

सिमटता है सिकुड़ता है उजाला
महो-अंजुम[8] को ग़श-सा आ रहा है

---

1. आकाश, 2. पारा, 3. किरनें, 4. हवा का जाल, 5. स्वर-माधुर्य, मरीलापन, 6. रात का सन्नाटा, 7. नींद लाने वाला, 8. चाँद-तारे।

ज़मीं महवर[9] प घूमी जा रही है
फ़लक मरकज़[10] प झूमा जा रहा है

खला[11] में बस रही हैं मस्त तानें
दिले-अर्ज़ो-समा[12] लहरा रहा है

सितारे दे रहे हैं ताल पैहम
हर इक ज़र्रा थिरककर गा रहा है

हवा में उठ रही हैं ऐसी लहरें
कि खुद नगमा झकोले खा रहा है

न जाने क्यों हर इक मीठी नवा[13] पर
दिले-नाकाम[14] बैठा जा रहा है

किसी की शक्ल फिरती है नज़र में
कोई भूला हुआ याद आ रहा है।

---

9. धुरी, 10. केन्द्र, 11. शून्य, 12. धरती और आकाश का हृदय, 13. स्वर, 14. निराश हृदय।

कुहरे का खेत

वो सर्द रात जबकि सफ़र कर रहा था मैं
रंगीनियों से ज़र्फ़े-नजर[1] भर रहा था मैं
तेज़ी से जंगलों में उड़ी जा रही थी रेल
ख़ाबीदा[2] कायनात[3] को चौंका रही थी रेल
मुड़ती, उछलती, काँपती, चिंघाड़ती हुई
कुहरे की वो दबीज़[4] रिदा[5] फाड़ती हुई
पहियों की गर्दिशों[6] में मचलती थी रागिनी
आहन[7] से आग बनके निकलती थी रागिनी
पहुँची जिधर ज़मी का कलेजा हिला दिया
दामन में तीरगी[8] के गरेबाँ बना दिया
झोंके हवा के बर्फ़ बिछाते थे राह में
जल्वे[9] समा रहे थे लरज़कर निगाह में
धोखे से छू गयीं जो कहीं सर्द उँगलियाँ
बिच्छू-सा डंक मारने लगती थी खिड़कियाँ
पिछले पहर का नर्म धुँधलका था पुरफशाँ[10]
मायूसियों[11] में जैसे उमीदों का कारवाँ
बे-नूर होके डूबनेवाला था माहताब[12]
कुहरे में खप गयी थी सितारों की आबो-ताब[13]
क़ब्ज़े से तीरगी के सहर छूटने को थी
मशरिक़[14] के हाशिये में किरन फूटने को थी
कुहरे में था ढँके हुए बाग़ों का ये समाँ
जिस तरह ज़ेरे-आब[15] झलकती हों बस्तियाँ
भीगी हुई ज़मीं थी, नमी सी फ़जा में थी
इक किश्ते-बर्फ़[16] थी कि मुअल्लक़[17] हवा में थी

---

1. दृष्टि-पात्र, 2. सोयी हुई, 3. सृष्टि, 4. मोटी, 5. चादर, 6. चक्करों, 7. लोहा, 8. अंधेरा, 9. दृश्य, 10. बिखरा हुआ, 11. निराशाओं, 12. चाँद, 13. चमक-दमक, 14. पूरब, 15. पानी के नीचे, 16. बर्फ की क्यारी, 17. लटकी हुई।

जादू के फ़र्श, सह्र[18] के सब सक्फ़ो-बाम[19] थे
दोशे-हवा[20] प परियों के सीमी[21] ख़ियाम[22] थे
थी ठण्डे-ठण्डे नूर में खोयी हुई निगाह
ढलकर फ़ज़ा में आयी थी हूरों की ख़्वाबगाह[23]
बन-बनके फेन सूए-फ़लक[24] देखता हुआ
दरिया चला था छोड़ के दामन ज़मीन का
इस शबनमी धुँधलके में बगुले थे यों रवाँ
मौजों प मस्त हो के चलें जैसे मछलियाँ
डाला कभी फ़ज़ाओं में ख़त[25], खो गये कभी
झलके कभी उफ़क़[26] में, निहाँ[27] हो गये कभी
इंजन से उड़के काँपता फिरता था यों धुआँ
लेता था लहर खेत में कुहरे के आसमाँ
उस वक़्त क्या था रूह प सदमा न पूछिये
याद आ रहा था किस से बिछुड़ना न पूछिये
दिल में कुछ ऐसे घाव थे तीरे-मलाल[28] के
रो-रो दिया था खिड़की से गर्दन निकाल के

---

18. जादू, 19. छत और कोठे, 20. हवा के कन्धे, 21. रुपहले, 22. डेरे (खेमे का बहुवचन), 23. शयन-कक्ष, 24. आकाश की ओर, 25. रेखा, 26. क्षितिज, 27. लुप्त, 28. दुख के तीर।

जौहर[1]

(1)

मैं शोला था--मगर यों राख के तूदे[2] ने सर कुचला
कि इक सीले-से पेचो-खम में ढल जाना पड़ा मुझको
मैं बिजली था--मगर बर्फ़-आगीं[3] बदलियाँ छायीं
कि दबकर उन चट्टानों में पिघल जाना पड़ा मुझको

(2)

मैं तूफ़ाँ था--मगर क्या कहिये उस तिश्ना[4] समन्दर को
कि सर टकराके साहिल[5] ही रुक से जाना पड़ा मुझको
मैं आँधी था--मगर वह ख़्वाब-आलूदा[6] फ़ज़ा पायी
कि खुन्द अपनी ही ठोकर खाकर झुक जाना पड़ा मुझको

(3)

मगर अब इसका रोना क्या है, क्या था देखिये क्या हूँ
मैं इक ठहरा हुआ शोला हूँ, इक सिकुड़ी हुई बिजली
असर नशवो-नुमा[7] पर डाल ही देता है गहवारा[8]
मैं इक सिमट हुआ तूफ़ाँ हूँ, इक सहमी हुई आँधी

(4)

मगर माबूदे-बेदारी[9]! कहीं फ़ितरत[10] बदलती है
धुएँ को गर्म होने दे, भड़कना अब भी आता है
मेरी जानिब से इतमीनान रख, आतिशनवा[11] रहबर[12]
ज़रा बादल तो टकरायें कड़कना अब भी आता है।

---

1. गुण, 2. ढेर, 3. बर्फ़ीली, 4. प्यास, 5. किनारा, 6. नींद में डूबा, 7. पालन-पोषण, विकास, सस्कार, पालना, 9. जागृति के इष्टदेव, 10. प्रकृति स्वभाव, 11. जिसकी वाणी में ज्वाला हो, 12. मार्गदर्शक, नेता।

(5)

थपेड़े, हाँ यूँ ही पैहम[13] थपेड़े, मौज़े-आज़ादी[14]
बहा दूँगा मताए-किश्ते-महकूमी[15], बहा दूँगा

झकोले, हाँ, यही बरहम[16] झकोले सरसरे-हस्ती[17]
हिला दूँगा तज़ादे-ज़ीस्त[18] की चूलें, हिला दूँगा।

---

19. निरन्तर, 14. स्वतन्त्रता की लहर, 15. दासता के खेत की सम्पदा, 16. उद्विग्न, 17. जीवन की गर्म हवा, 18. जीवन की असंगतियाँ।

बरसात की एक रात

ये बरसात, ये मौसमे-शादमानी[1]
ख़सो-ख़ार[2] पर फट पड़ी है जवानी
भड़कता है रह-रहके सोज़े-मुहब्बत[3]
झमाझत बरसता है पुरशोर पानी

फ़ज़ा झूमती है, घटा झूमती है
दरख़्तों को ज़ौ[4] बर्क़ की चूमती है
थिरकते हुए अब्र[5] का जज्ब[6] तौबा
कि दामन उठाये ज़मीं घूमती है

कड़कती है बिजली, चमकती हैं बूँदें
लपकता है कौंदा, दमकती हैं बूँदें
रगे-जाँ प रह-रहके लगती हैं चोटें
छमाछम ख़ला[7] में खनकती हैं बूँदें

फ़लक[8] गा रहा है, ज़मीं गा रही है
कलेजे में हर लय चुभी जा रही है
मुझे पाके इस मस्त शब में अकेला
ये रंगीं घटा तीर बरसा रही है

---

1. उल्लास की ऋतु, 2. घास-फूस (खस-तिनका; खार-काँटा), 3. प्रेम की ज्वाला, 4. प्रकाश, 5. बादल, 6. आकर्षण, 7. शून्य, 8. आकाश।

चमकता है, बुझता है थर्रा रहा है
भटकने की जुगनू सज़ा पा रहा है
अभी जेह्न में था ये रोशन तख़य्युल[9]
फ़ज़ा में जो उड़ता चला जा रहा है

लचककर सँभलते हैं जब अब्र पारे[10]
बरसते हैं दामन से दुमदार तारे
मचलती है रह-रहके दामन में बिजली
गुलाबी हुए जा रहे हैं किनारे

फ़ज़ा झूमकर रंग बरसा रही है
हर इक साँस शोला बनी जा रही है
कभी इस तरह याद आती नहीं थी
वो जिस तरह इस वक़्त याद आ रही है

भला लुत्फ़ क्या मंज़रे-पुरअसर[11] दे
कि अश्कों ने आँखों प डाले हैं परदे
कहीं और जाकर बरस मस्त बादल
खुदा तेरा दामन जवाहर से भर दे।

---

9. कल्पना, 10. बादल के टुकड़े, 11. प्रभावशाली दृश्य।

आँधी

उठो, देखो वो आँधी आ रही है
उफ़क़[1] पर बर्क़[2] सी लहरा रही है
क़यामत हर तरफ मँडला रही है
ज़मीं हचकोले पैहम[3] खा रही है
उठो, देखो वो आँधी आ रही है

मचलती, झूमती हलचल मचाती
तड़पती, शोर करती दिल हिलाती
गरजती, चीख़ती, फ़ित्ने[4] उठाती
क़यामत को जगाकर ला रही है
उठो, देखो वो आँधी आ रही है

फ़ज़ा में आतशीं[5] परचम उड़ाती
ज़मीं पर आग के धारे गिराती
शरारे[6] रोलती, शोले बिछाती
सुनहरी रौशनी फैला रही है
उठो, देखो वो आँधी आ रही है

भड़कती, आतिशे-सोज़ाँ[7] की सूरत
लपकती शोला-ए-पर्रां[8] की सूरत
उबलती बहरे-बे-पायाँ[9] की सूरत
उबलकर सर प आयीं जा रही है
उठो, देखो वो आँधी आ रही ह

---

1. क्षितिज, 2. बिजली, 3. निरन्तर, 4. उपद्रव, 5. अग्नेय, 6. चिंगारियाँ, 7. सुलगती हुई आग, 8. उड़ती हुई लपटें, 9. अथाह सागर।

फ़ज़ा कुल जंग का मैदाँ बनी है
हवा बिफरा हुआ तूफ़ाँ बनी है
ज़मीं गहवारा-ए-जुम्बाँ[10] बनी है
फ़लक से ख़ाक सर टकरा रही है
उठो, देखो वो आँधी आ रही है

बढ़ी आती है तामीरी[11] तबाही
झुकी पड़ती है नूर-अफ़ज़ा[12] सियाही
झकोले खा रहा है क़स्रे-शाही[13]
बला ज़ंजीरे-दर खड़का रही है
उठो, देखा वो आँधी आ रही है

बिठा रखे हैं पहरे बेकसी ने
ख़ज़ानों के फटे जाते हैं सीने
ज़मीं दहली, उभर आये दफ़ीने[14]
दफ़ीनों को हवा ठुकरा रही है
उठो, देखो वो आँधी आ रही है

निशानाते-सितम[15] थर्रा रहे हैं
हुकूमत के अलम[16] थर्रा रहे हैं
गुलामी के क़दम थर्रा रहे हैं
गुलामी अब वतन से जा रही है
उठो, देखो वो आँधी आ रही है।

---

10. डगमगाता हुआ पालना, 11. रचनात्मक, 12. प्रकाश देने वाली, 13. राजमहल, 14. गड़ा हुआ धन, 15. अत्याचार के चिन्ह, 16. झण्डे।

दोशीज़ा[1] मालिन

लो, पौ फटी वो छुप गयी तारों की अंजुमन[2],
लो, जामे-मेहर[3] से वो छलकने लगी किरन
खुपने लगा निगाह में फ़ितरत[4] का बाँकपन
जल्वे ज़मीं प बरसे, ज़मीं बन गयी दुल्हन
गूँजे तराने, सुब्ह का इक शोर हो गया
आलम मय-ए-बक़ा[5] में शराबोर हो गया
फूली शफ़क़[6] फ़ज़ा में, हिना[7] तिलमिला गयी
इक मौजे-रंग काँपके आलम प छा गयी
कुल चाँदनी सिमट के गुलों में समा गयी
ज़र्रे बने नुजूम,[8] ज़मीं जगमगा गयी
छोड़ा सहर[9] ने तीरगी-ए-शब[10] को काटके
उड़ने लगी हवा में किरन ओस चाटके
मचली जबीने-मशरिक़[2] प इस तरह मौजे-नूर[12]
लहरा के तैरने लगी आलम में बर्क़े-तूर[13]
उड़ने लगी शमीम[14], छलकने लगा सुरूर[15]
खिलने लगे शगूफ़े[16] चहकने लगे तयूर[17]
झोंके चले हवा के, शजर[18] झूमने लगे
मस्ती में फूल काँटों का मुँह चूमने लगे
थक-थमके ज़ौफ़शा[19] हुआ ज़र्रों प आफ़ताब[20]
छिड़का हवा ने सब्ज़ा-ए-ख़ाबीदा[21] पर गुलाब
मुरझायी पत्तियों में मचलने लगा शबाब[22]
लरज़िश[23] हुई गुलों को, बरसने लगी शराब
रिंदाने-मस्त[24] और भी मस्त हो गये
थर्रा के होंट जाम में पैवस्त[25] हो गये

---

1. नवयौवना, 2. सभा, 3. सूर्य का सुरा-पात्र, 4. प्रकृति, 5. जीवन-मदिरा, 6. उषा, 7. मेंहदी, 8. सितारे, 9. प्रभात, 10. रात का अँधेरा, 11. पूरब का माथा, 12. प्रकाश की लहर, 13. तूर पर्वत की बिजली, जहाँ हजरत मूसा ने खुदा का जल्वा देखा था, 14. मलयनिल, 15. नशा, 16. कलियाँ, 17. पक्षी (तायर का बहुवचन) 18. वृक्ष, 19. प्रकाशमान, 20. सूरज, 21. सोई हुई घास, 22. यौवन, 23. कम्पन, 24. मस्त शराबी, 25. गड़ना।

दोशीज़ा एक ख़ुश-क़द ख़ुश-रंग व ख़ूब-रू[26]
मालन की नूरे-दीदा[27], गुलसिताँ की आबरू
चुन-चुनके फूल सजती है दामाने-आरज़ू[28]
तिफ़्ली[29] लिये है गोद में तूफ़ाने-रंगों-बू
रंगीनियों में खेली, गुलों में पली हुई
नौ-रस कली में क़ौसे-क़ज़ह[30] है ढली हुई

मस्ती में रुख़ प बाल परीशाँ किये हुए
या दिल में शम्ए-तूर फ़रोज़ाँ[31] किये हुए
हर सिम्त नक़्शे-पा से चिराग़ाँ किये हुए
आँचल को बारे-गुल[32] से गुलिस्ताँ किये हुए
लहरा रही है बादे-सहर[33] पाँव चूमके
फिरती है तातरों सी ग़ज़ब झूम-झूमके।

ज़ुल्फ़ों में ताबे-सुंबुले-पेचाँ[34] लिये हुए
आरिज़[35] में शोख रंगे-गुलिस्ताँ लिये हुए
आँखों में रूहे-बादए-इरफ़ाँ[36] लिये हुए
होंठों में आबे-लाले-बदख़्शाँ[37] लिये हुए
फ़ितरत ने तोल-तोलके चश्मे-क़बूल[38] में
सारा चमन निचोड़ दिया एक फूल में

ऐ हूरे-बाग़, इतनी ख़ुदी से न काम ले
उड़कर शमीमे-गुल कहीं आँचल न थाम ले
कलियों का ले पयाम, सहर का सलाम ले
'कैफ़ी' से हुस्न दोस्त का ताज़ा कलाम ले
शायर का दिल है, मुफ़्त में क्यों दर्दमन्द हो
इक गुल इधर भी, नज़्म अगर यह पसन्द हो।

---

26. सुन्दर, 27. बेटी, 28. कामना का आँचल, 29. बचपन, 30. इन्द्रधनुष, 31. दीप्त, 32. फूल का बोझ, 33. प्रभात-समीर, 34. सुम्बुल की लटों की चमक, 35. गाल, 36. ज्ञान की मदिरा का सत्त, 37. बदख़्शाँ की लाल-मणि की दमक, 38. स्वीकृति की दृष्टि।

शाम

मस्त घटा मँडलायी हुई है
बाग़ प मस्ती छायी हुई है
झूम रही हैं आम की शाखें
नींद-सी जैसी आयी हुई है
बोलता है रह-रहके पपीहा
बर्क़-सी[1] इक लहरायी हुई है
लहके हुए हैं फूल शफ़क[2] के
आतिशे-तर[3] छलकायी हुई है
शेर मेरे बन-बन के हुवैदा[4]
क़ौस[5] की हर अँगड़ाई हुई है
रेंगते हैं ख़ामोश तराने
मौजे-हवा बल खायी हुई है
रौनके-आलम[6] सर हैं झुकाये
जैसे दुल्हन शरमायी हुई है
घास प गुमसुम बैठा है 'कैफ़ी'
याद किसी की आयी हुई है।

---

1. बिजली, 2. उषा, 3. गीली आग, 4. प्रकट, 5. इन्द्रधनुष, 6. सृष्टि का सौन्दर्य।

मशविरे

पीरा :

"यह आँधी, यह तूफ़ान, ये तेज़ धारे
कड़कते तमाशे, गरजते नज़ारे
अँधेरी फ़ज़ा, साँस लेता समन्दर
न हमराह मिशअल[1], न गर्दूं[2] प तारे
मुसाफ़िर, खड़ा रह अभी जी को मारे"

शबाब :

"उसी का है साहिल, उसी के कगारे
तलातुम[3] में फँसकर जो दो हाथ मारे
अँधेरी फ़ज़ा, साँस लेता समन्दर
यों ही सर पटकते रहेंगे ये धारे
कहाँ तक चलेगा किनारे-किनारे"

---

1. मशाल, 2. आकाश, 3. बाढ़, तूफ़ान।

मिन्नतें

उंसुरे-शायरी[1] न जा, नगमा-ए-सरमदी[2] न जा
छोड़के मुझको जाँ-बलब[3], ऐ मेरी ज़िन्दगी न जा
तेरा ही अक्से-हुस्न है ये मेरे घर की चाँदनी
ऐ मेरे घर की चाँदनी, लेके ये चाँदनी न जा
तूने अभी कहा था खुद तुम मुझे हो बहुत अज़ीज़
हाँ मैं तुझे अज़ीज़ हूँ, रख ले मेरी ख़ुशी न जा
शामे-तरब[4] थी बेवफ़ा, सुब्ह से बढ़के मिल गयी
सुब्ह है हम प ख़न्दाज़न,[5] ख़ैर ठहर अभी न जा
दीदा-ए-नीमबाज़[6] में ख़्वाबे-जवाँ है लालाकार[7]
नींद पकड़ रही है पाँव, नींद में झूमती न जा
उफ़ यह नफ़स[8] की ख़स्तगी, उफ़ यह थका-थका-सा जी
ऊँघ रही हैं मस्तियाँ, चूर है ज़िन्दगी न जा
देख ये शबनमी बहार, सुन ये ख़ामोश भैरवी
ऐसी लतीफ़ सुब्ह को छोड़के बावली न जा
ढालके ज़र्फ़े-शेर[9] में, बास के इत्रे-ज़ौक़[10] में
तुझ पे अभी लुटाऊँगा दहर[11] की सरखुशी,[12] न जा
होंठ तेरे लरज गये, रुख़ से शफ़क़[13] बरस पड़ी
अब ये ज़िदें फुज़ूल हैं, रूठ के अब चली न जा।

---

1. कविता के तत्व, 2. अमर गीत, 3. जान होंटों पर, 4. सुख (प्रणय) की रात, 5. हँसी उड़ाना, हँसना, 6. अधखुली आँखें, 7. खुले हुए, 8. साँस, 9. काव्य-पात्र, 10. सुरुचि की सुरभि (सुगन्ध), 11. संसार, 12. हर्षातिरेक, 13. उषा।

सवेरे-सवेरे

न पूछो वो किस तरह आकर सिधारी
मेरी सारी हस्ती पे छाकर सिधारी
वो पिछला पहर, वो जुदाई का लम्हा
सवेरे-सवेरे रुलाकर सिधारी
ख़रामाँ-ख़रामाँ[1] पशेमाँ-पशेमाँ[2]
खुद अपने से भी छुप-छुपकर सिधारी
समेटे गयी चाँदनी बामो-दर[3] से
सहर को शबे-ग़म बनाकर सिधारी
निकल जाये जिस तरह गुंचे से खुशबू
यूँ ही मेरा पहलू बसाकर सिधारी
महकती हुई शब के रंगीं फ़साने
परीशाँ[4] लटों में छुपाकर सिधारी
वो पलकों की मस्ती, वो नज़रों की मस्ती
इन्हीं मस्तियों में नहाकर सिधारी
थकी-री वो अँगड़ाइयाँ, वो जमाही
सँभलकर उठी लड़खड़ाकर सिधारी
वो निखरी हुई सर्द आरिज़[5] की रंगत
गुलाबी-गुलाबी पिलाकर सिधारी
अभी तक मेरी उँगलियाँ कापती हैं
कुछ इस तरह दामन छुड़ाकर सिधारी
नजर उठ ही जाती है उस सिम्त 'कैफ़ी'
जिधर वो निगाहें झुकाकर सिधारी।

---

1. धीरे-धीरे, मन्द गति से, 2. लज्जित, 3. छत और द्वार (घर), 4. बिखरी हुई, 5. गाल।

शबाब

हर जुम्बिशे-चश्म[1] बालिहाना[2]   हर मौजे-निगाह साहिराना[3]
अल्लाह रे, शबाब का ज़माना
अपनी ही अदा प आप सदक़े[4]   अपनी ही नज़र का खुद निशाना
अल्लाह रे, शबाब का ज़माना
अपने ही से आप महवे-तमकीं[5]   अपने ही से खुद फ़रेब खाना
अल्लाह रे, शबाब का ज़माना
ये ज़ौके-नजर[6], ये बदगुमानी[7]   चिलमन[8] के क़रीब छुपके आना
अल्लाह रे, शबाब का ज़माना
पलकों में बेक़रार वादा   चितवन में ये मुतमइन[9] बहाना
अल्लाह रे, शबाब का ज़माना
ये बचके बचाके मश्क़े-ग़म्ज़ा[10]   ये सोच-समझ के मुस्कराना
अल्लाह रे, शबाब का ज़माना
ये मस्तख़रामियाँ[11] दुहाई   एक-एक क़दम पे लड़खड़ाना
अल्लाह रे, शबाब का ज़माना
माथे प ये सन्दलीं तबस्सुम[12]   होंठों प ये शक्करीं तराना
अल्लाह रे, शबाब का ज़माना
चेहरे की दमक फरोग़े-ईमाँ[13]   ज़ुल्फ़ों की गिरफ्त काफ़िराना
अल्लाह रे, शबाब का ज़माना
एहसास में शबनमी लताफ़त[15]   अनफास[16] में सोज़ शायराना
अल्लाह रे, शबाब का ज़माना

---

1. नयनों की गति, 2. अनुराग-भरी, 3. जादू-भरी, 4. निछावर, 5. अभिमान में डूबी, 6. दृष्टि की सुरुचि, 7. नाराजगी, किसी के प्रति बुरी धारणा रखना, 8. परदा, 9. सन्तुष्ट, 10. नखरे दिखाना, 11. मन्द गति से चलना, 12. मुस्कान, 13. आस्था (धर्म) की चमक, 14. आभास, चेतना, 15. मृदुलता, 16. साँसें (नफ़स का बहुवचन)।

मरक़ूम[17] जबीने-बेख़ुदी[18] पर ऐसे में मुहाल है जगाना
अल्लाह रे, शबाब का ज़माना
मफ़हूम[19] शिआरे-ख़ुदपरस्ती[20] मालूम नहीं है रहम खाना
अल्लाह रे, शबाब का ज़माना
शोखी की नज़र तहक्कुम-आगीं[21] अश्वों[22] का मिज़ाज ख़ुसरवाना[23]
अल्लाह रे, शबाब का ज़माना
हाथों के क़रीब माहो-अंजुम[24] क़दमों के तले शराबख़ाना
अल्लाह रे, शबाब का ज़माना
आईने में गाड़कर निगाहें बे-क़स्द[25] किसी का गुनगुनाना
अल्लाह रे, शबाब का ज़माना।

---

17. लिखा हुआ, 18. बे-खबरी का माथा, 19. आशय, 20. आत्म-सराहना की आदत, 21. आदेश देने वाली, 22. हाव-भाव, अदा, नखरा, गम्जा, 23. बादशाह खुसरो जैसा, शाही, 24. चाँद-तारे।

मआज़िरत

ये बिखरे से गेसू[1], ये आँखों में लाली
अरे, हुस्ने-ज़ालिम की आशुफ़्ता-हाली[2]
ये रोयी हुई फीकी-फीकी सी आँखें
और आँखों में ये नर्म डोरे गुलाली
शिकस्ता-शिकस्ता[3] ये रंगे-मसर्रत[4]
चकीदा-चकीदा[5] ये अश्के-ज़लाली[6]
परीदा-परीदा[7] ये चेहरे की रंगत
रमीदा-रमीदा[8] ये रुख़ की बहाली
लबे-लाल ये मुर्तइश-मुर्तइश[9] से
ये कुछ सिमटी-सिमटी सी होंठों की लाली
ये कुछ बहकी-बहकी-सी सफ़्फ़ाक[10] नज़रें
ये कुछ सहमी-सहमी सी फ़रखन्दा-हाली[11]
ये कुछ उलझे-उलझे परीशाँ तख़य्युल[12]
ये कुछ भटकी-भटकी-सी रोशनख़याली
ये कुछ रूठे-रूठे से जज्बाते-उल्फ़त[13]
न शोख़ी, न अश्वे[14], न शीरीं-मक़ाली[15]

मेरे हस्बे-वादा[16] न आने से शायद
हुई हसरतो-शौक़ की पायमाली

न कर अब ख़ुदा-रा ज़ियादा पशेमाँ[17]
कि आख़िर हूँ इक शायरे ला-उबाली!

---

1. केश, 2. उद्विग्नता, बदहवासी, 3. टूटा-टूटा, 4. उल्लास का रंग, 5. टपका हुआ, 6. भटके हुए आँसू, 7. उड़ी-उड़ी, 8. भागी हुई विलुप्त, 9. काँपते हुए, 10. निष्ठुर, निर्मम, 11. आसूदगी, कल्याणमयी स्थिति, 12. कल्पना, 13. प्रेम के भाव, 14. नाज़-नखरे, 15. मीठे बोल बोलना, 16. वादे के अनुसार, 17. लज्जित।

बेकारी

ये बाज़ू, ये बाज़ू को मेरे सलाबत[1]
ये सीना, ये गर्दन, ये क़ुव्वत ये सेहत
ये जोश-जवानी, ये तूफ़ाने-जुरअत
ब-ई-वस्फ़[2] कुछ भी नहीं मेरी क़ीमत
हयातो-अमल[3] का गुनहगार हूँ मैं
बड़ा दुःख है मुझको कि बेकार हूँ मैं

ये गेती[4] है जिसमें दफ़ीने[5] मकीं[6] हैं
वो दरिया है जिसमें गुहर[7] तहनशीं हैं
वो जंगल है जो रश्के-खुल्दे-बरीं[8] हैं
ये फ़ितरत के ईनाम मेरे नहीं हैं
तिहीदस्तो[9]-महरूमो[10]-नादार[11] हूँ मैं
बड़ा दुख है मुझको कि बेकार हूँ मैं

पुकारें ज़मीनों के कानों[12] के मालिक
बढ़ें जगमगाती दुकानों के मालिक
कहाँ हैं कहाँ कारखानों के मालिक
ख़रीदें छलकते ख़ज़ानों के मालिक
कि मेहनत-फ़रोशी को तैयार हूँ मैं
बड़ा दुःख है मुझको कि बेकार हूँ मैं

जो मौक़ा मिले सर फ़लक[13] का झुका दूँ
ज़मीं पर सितारों की शम्एँ जला दूँ
ख़ज़फ को दमक दे के सूरज बना दूँ
तरक़्क़ी को कुछ और आगे बढ़ा दूँ
कि चालाको-हुशियारो-बेदार[15] हूँ मैं
बड़ा दुख है मुझको कि बेकार हूँ मैं

---

1. कठोरता, गठन, 2. इस गुण के साथ, 3. जीवन और कर्मठता, 4. धरती, 5. गड़ी हुई निधि, 6. स्थिति, 7. मोती, 8. सप्तम स्वर्ग का भवन, 9. खाली हाथ, 10 वंचित, 11. कंगाल, 12. खदानों, 13. आकाश, 14. ठीकरा, 15. सजग, जाग्रत।

ज़रूरत है मेरी हयातो-बक़ा[16] को
ज़रूरत है मेरी ज़मीं की, फ़ज़ा को
ज़रूरत है हर इब्तिदा[17] इन्तिहा[18] को
ज़रूरत है तहज़ीब को इर्तिका[19] को
ग़लत है कि हर्फ़े-तकरार[20] हूँ मैं
बड़ा दुख है मुझको कि बेकार हूँ मैं
कहाँ ज़रपरस्ती[21] कहाँ क़द्रदानी[22]
कहाँ लूट ग़ारत कहाँ मेहरबानी
ये बे-आब हस्ती, ये भूखी जवानी
ये यख़बस्ता[23] बिजली, ये इस्तादा[24] पानी
रुकी तेग़ हूँ मैं, मुड़ी धार हूँ मैं
बड़ा दुःख है मुझको कि बेकार हूँ मैं
मेरी हड्डियों से बने हैं ये ऐवाँ[25]
मेरे खून से है ये सैले-बहाराँ[26]
मेरी मुफ़लिसी से ख़ज़ाने हैं ताबाँ[27]
मेरी-बे-ज़री[28] से है सिक्के दरख्शाँ[29]
इस आईनाए-ज़र का ज़ंगार[31] हूँ मैं
बड़ा दुःख है मुझको कि बेकार हूँ मैं
कहाँ तक यह बिल जब्रा[32] मर-मरके जीना
बदलने लगा है अमल का क़रीना
लहू में है खौलने जबीं पर पसीना
धड़कती हैं नब्ज़ें सुलगता है सीना
गरज़ ऐ बग़ावत, कि तैयार हूँ मैं
बड़ा दुःख है मुझको कि बेकार हूँ मैं

---

16. जीवन और नित्यता, 17. आदि, आरम्भ, 18. अन्त, 19. विकास, 20. दोहराया गया अक्षर, 21. धन की उपासना, 22. मूल्य पहचानना, 23. बर्फ की तरह जमा हुआ, 24. ठहरा हुआ, 25. महल, 26. वसन्त ऋतु (सुख-समृद्धि) की धारा, 27. चमकदार, 28. ध नहीनता, 29. चमकदार, 30. धन का दर्पण, 31. काँच को दर्पण बनाने वाली सिन्दूरी पालिश, 32. बलात्।

लीडर की आमद

शोर है चार तरफ राहनुमा आता है
मुश्किलें ख़त्म हुई उक़्दाकुशा आता है
दर्से-ग़ैरत है ये ईसार ज़माने के लिए
तिश्नाकामों की तरफ़ अब्रे-अता आता है

झण्डियाँ लहराती हैं शहर से स्टेशन तलक
फाटकों की ये सजावट कि पशेमाँ है फ़लक
गैस के ये मह रक्सन्दा, ये बर्क़ी तारे
कहकशा खाती है घूँघट, ज़हे ताबन्दा सड़क

मोटर रेंगती हैं नाज़ से पहने हुए हार
जाल फूलों का है ताँगे पे, घोड़ों पे बहार
नश्शाए-फ़ख्र में क़ाबू से जो बाहर है जुलूस
दम-बदम करती है मज़बूत पुलीस अपना हिसार

पार्क को देखके हैरान है चश्मे-रिज़वाँ
एक-इक ख़ेमे पर फ़िरदौस का होता है गुमाँ
भाप उड़ी जाती है देगों से चुराकर ख़ुशबू
ऐंठता फिरता है अम्बोह प मतबख़ का धुआँ

---

1. गुत्थी (गाँठ) सुलझाने वाला, 2. अनुकरण का उपदेश, 3. त्याग, 4. प्यासों, 5. बरसाने वाला बादल, 6. लज्जित, 7. आकाश, 8. चाँद, 9. नाचता हुआ, 10. बिजली के, 11. आकाशगंगा, 12. धन्य, 13. चमचमाती हुई, 14. गर्वोन्माद, 15. घेरा, 16. स्वर्ग के द्वारपाल की आँख, 17. स्वर्ग, 18. भीड़, 19. रसोई।

अपनी जन्नत से निकलते भी अगर हैं लीडर
जज़्ब हो जाते हैं नजरों में ये रंगीं मंज़र[20]
इस क़दर बारिशे-नेमत[21], ये ज़िया[22] का सैलाब[23]
कैसे महसूस हो तारीक[24] हैं भूखों के खँडर

इस तकल्लुफ़ से तो इज़हारे-मलाल[25] अच्छा है
काम अच्छा सही कब उसका मआल[26] अच्छा है
"उनके देखे से जो आ जाती है मुँह पर रौनक
वो समझते हैं कि बीमार का हाल अच्छा है"
(ग़ालिब)

20. दृश्य, 21. अमृत-वर्षा, 22. प्रकाश, 23. बाढ़, 24. अन्धकारमय, 25. दुख की अभिव्यक्ति, 26. परिणाम, नतीजा।

औरत

उठ मेरी जान! मेरे साथ ही चलना है तुझे
क़ल्बे-माहौल[1] में लरज़ाँ[2] शररे-जंग[3] हैं आज
हौसले वक़्त के और ज़ीस्त[4] के यकरंग हैं आज
आबगीनों[5] में तयाँ वलवलाए-संग[6] हैं आज
हुस्न और इश्क़ हमआवाज़ो-हमआहंग[7] हैं आज
जिस में जलता हूँ उसी आग में जलना है तुझे
उठ मेरी जान! मेरे साथ ही चलना है तुझे

तू कि बेजान खिलौनों से बहल जाती है
तपती साँसों की हरारत से पिघल जाती है
पाँव जिस राह में रखती है फिसल जाती है
बनके सीमाब[8] हर इक ज़र्फ़[9] में ढल जाती है
ज़ीस्त के आहनी साँचे में भी ढलना है तुझे
उठ मेरी जान! मेरे साथ ही चलना है तुझे

ज़िन्दगी जेहद[10] में है सब्र के क़ाबू में नहीं
नब्ज़े-हस्ती का लहू काँपते आँसू में नहीं
उड़ने खुलने में है नकहत[11] ख़मे-गेसू[12] में नहीं
जन्नत इक और है जो मर्द के पहलू में नहीं
उसकी आज़ाद रविश पर भी मचलना है तुझे
उठ मेरी जान! मेरे साथ ही चलना है तुझे

---

1. वातावरण का मर्मस्थल (हृदय), 2. कम्पित, 3. युद्ध की चिंगारियाँ, 4. जीवन, 5. शराब की बोतल, 6. पत्थर की उमंग, 7. एक स्वर और एक लय रखने वाले, 8. पारा, 9. पात्र, 10. संघर्ष, 11. महक, 12. बालों के घुमाव (घूँघर)।

गोशे-गोशे[13] में सुलगती है चिता तेरे लिये
फ़र्ज़ का भेस बदलती है क़ज़ा[14] तेरे लिये
क़हर[15] है तेरी हर इक नर्म अदा तेरे लिये
ज़हर-ही-ज़हर है दुनिया की हवा तेरे लिये
रुत बदल डाल अगर फूलना-फलना है तुझे
उठ मेरी जान! मेरे साथ ही चलना है तुझे

क़द्र अब तक तेरी तारीख़[16] ने जानी ही नहीं
तुझमें शोले भी हैं बस अश्क़फ़िशानी[17] ही नहीं
तू हक़ीक़त भी है दिलचस्प कहानी ही नहीं
तेरी हस्ती भी है इक चीज़ जवानी ही नहीं
अपनी तारीख़ का उनवान[18] बदलना है तुझे
उठ मेरी जान! मेरे साथ ही चलना है तुझे

तोड़कर रस्म का बुत बन्दे-क़दामत[19] से निकल
ज़ोफ़े-इशरत[20] से निकल, वह्‌मे-नज़ाकत[21] से निकल
नफ्स[22] के खींचे हुए हल्क़ए-अज़मत[23] से निकल
यह भी इक क़ैद ही है, क़ैदे-मुहब्बत से निकल
राह का ख़ार ही क्या गुल भी कुचलना है तुझे
उठ मेरी जान! मेरे साथ ही चलना है तुझे

तोड़ यह अज़्म-शिकन[24] दग़दग़ाए-पन्द[25] भी तोड़
तेरी ख़ातिर है जो ज़ंजीर वह सौगन्ध भी तोड़
तौक़ यह भी ज़मर्रुद का गुलूबन्द भी तोड़
तोड़ पैमानाए-मर्दाने-ख़िरदमन्द[26] भी तोड़

---

13. कोने-कोने, 14. मृत्यु, 15. प्रलय, विनाश, 16. इतिहास, 17. आँसू बहाना, 18. शीर्षक, 19. प्राचीनता के बन्धन, 20. ऐश्वर्य की दुर्बलता, 21. कोमलता का भ्रम, 22. आकांक्षा, कामना, 23. महानता का वृत्त, 24. संकल्प भंग करने वाला, 25. उपदेश की आशंका, 26. समझदार पुरुषों के मापदण्ड।

बनके तूफ़ान छलकना है उबलना है तुझे
उठ मेरी जान! मेरे साथ ही चलना है तुझे
तू फ़लातूनो-अरस्तू है तू ज़ुहरा[27] परवीं[28]
तेरे क़ब्जे में है गर्दूं[29], तेरी ठोकर में ज़बीं
हाँ, उठा जल्द उठा पाए-मुक़द्दर[30] से जबीं[31]
मैं भी रुकने का नहीं, वक़्त भी रुकने का नहीं
लड़खड़ायेगी कहाँ तक कि सँभलना है तुझे
उठ मेरी जान! मेरे साथ ही चलना है तुझे।

---

27. शुक्र ग्रह, सुन्दरता का प्रतीक, 28. कृतिका नक्षत्र (सुन्दरता का प्रतीक), 29. आकाश, 30. भाग्य के चरण, 31. माथा।

हक़ीक़तें

आज हर दिन से ज़ियादा है हलाकत[1] का असर
दर्द हर रग में है, दोहरी हुई जाती है कमर
यह गरानी, यह मेरा ख़र्च, यह कुछ सिक्काए-ज़र
क़र्ज़ख़्वाहों की यूरिश[2] होगी अभी से घर पर
और घर में ग़मे-उसरत[3] के सिवा कुछ भी नहीं

उफ़ ये सिक्के ये शबो-रोज़ की मेहनत का मआल[4]
जिनका पाना भी बवाल और न पाना भी बवाल
जिनको मुट्ठी में ज़रा देर ठहरना है मुहाल
खींचे लेता है जिन्हें सूद-सतानों[5] का जलाल[6]
हक़ मेरा उन पे ज़ियारत के सिवा कुछ भी नहीं

वह रफ़ीक़ा[7], वह मेरी मुनिसे-इख़लास पनाह[8]
जिसकी मदक़ूक़[9] जवानी है मसायब[10] की गवाह
दामने-क़स्द तबस्सुम में समेटे हुए आह
देर से होगी मेरे वास्ते जो चश्म-ब-राह[11]
नज़्रा को उसकी नदामत[12] के सिवा कुछ भी नहीं

पंजाए-मर्ग से हस्ती को छुड़ाऊँ क्योंकर
ज़ुल्म को रहम के अन्दाज़ सिखाऊँ क्योंकर
फ़र्क़-ज़र[14] पाए-मशक़्क़त[15] प झुकाऊँ क्योंकर
गर्दे-इफ़लास[16] को अकसीर[17] बनाऊँ क्योंकर
मेरे क़ब्ज़े में तो मेहनत के सिवा कुछ भी नहीं

---

1. क़त्ल होना, मृत्यु, 2. धावा, 3. कंगाली का दुख, 4. प्रतिफल, 5. सूदखोर, 6. प्रताप, 7. संगिनी, 8. निष्कपट मित्र, 9. क्षयग्रस्त, 10. विपत्तियाँ (मुसीबत का बहुवचन), 11. राह में आँखें बिछाये हुए, 12. शर्मिन्दगी, 13. मौत का पंजा, 14. धन-सम्पत्ति की विषमता, 15. श्रम के चरण, 16. निर्धनता की धूल, 17. रामबाण औषधि।

मिल्कीयत ने परे-शहबाज़े-हुनर[17] तोड़ लिये
नख़्ले-फ़ितरत[18] के हसीं बर्गो-समर[19] तोड़ लिये
हिर्स[20] में दामने-गेती[21] के गुहर तोड़ लिये
और बहकी तो गुले-शम्सो-कमर[22] तोड़ लिये
उफ़ुक़े-दह्र[23] प ज़ुल्मत[24] के सिवा कुछ भी नहीं

बैंक ये बैंक, ये फ़िरदौसे-हविस[25], जन्नते-ज़र[26]
ये लचकती हुई बरेज़[27] ख़ज़ानों की कमर
बहरे-बेसैलो-तलातुम[28] के ख़ुश-आब[29] गुहर
बाग़े-बेख़ारो-ख़िज़ाँ[30] के ये तिलापोश[31] समर[32]
हाँ, मेरी फ़ालतू मेहनत के सिवा कुछ भी नहीं

लूट के मुँह प ये तक़सीमे-अज़ल[33] का पर्दा
क़ालिबे-अद्ल[34] में ढाली हुई ये रूह-जफ़ा[35]
लौहे-इफ़लास[36] प ये कतबा-ए-मंशा-ए-ख़ुदा[37]
ताक़े-हस्ती में ये रखा हुआ बुत क़िस्मत का
इक अमल-सोज़[38] सियासत के सिवा कुछ भी नहीं

रास आता है जिन्हें मशग़ला-ए-जीरो-जफ़ा[39]
ख़ूने-मुफ़लिस से किया करते हैं जो कस्बे-हिना[40]
जिनकी आँखों में शरारत है तबीअत में दग़ा
उनकी दुनिया में सभी कुछ है मुसीबत के सिवा
मेरी दुनिया में मुसीबत के सिवा कुछ भी नहीं

---

17. कला के शिकारी बाज़ के पंख, 13. प्रकृति का वृक्ष, 19. पत्तियाँ और फल, 20. ईर्ष्या, 21. धरती का आँचल, 22. सूरज और चाँद के फूल, 23. संसार का क्षितिज, 24. अन्धकार, 25. लोलुपता का स्वर्ग, 26. धन-दौलत का स्वर्ग, 27. लबालब भरा हुआ, 28. जिस सागर में बाढ़ और तूफ़ान न आता हो, 31. सोने से मढ़े हुए, 32. फल, 33. आदिकाल से चली आ रही वितरण-व्यवस्था, 34. न्याय की काया, 35. अत्याचार की आत्मा, 36. दरिद्रता का पटल, 37. ईश्वरेच्छा का अभिलेख, 38. कर्मठता को नष्ट करने वाला, 39. अन्याय और अत्याचार, 40. मेंहदी निकालना (प्राप्त करना)।

गुलशने-जौर[41] की समरेज़ो-ख़िज़ाँपाश[42] बहार
दोज़ख़े-ज़र[43] के मचलते हुए जाँ-सोज़[44] शरार[45]
नफ़ाख़ोरों की निगाहों की लचकती तलवार
बढ़ते जाते हैं शबो-रोज़ ये सारे आसार
कि इलाज इनका बग़ावत के सिवा कुछ भी नहीं

---

41. अत्याचार का उपवन, 42. गर्म हवा चलाने वाली और पतझड़ लाने वाली (तरसाने वाली), 43. धन-दौलत का नरक, 44. प्राणघातक, 45. चिंगारी।

तजरुबे

(1)

काम तख़ईल[1] आ नहीं सकती
दीद[2] दूरी मिटा नहीं सकती
कैफ़[3] क्या भागती बहारों में
दिल की राहत कहाँ नज़ारों में
लाख झूले नजर सितारों में
तीरगी[4] घर की जा नहीं सकती

(2)

ज़िक्रे-अजदाद[5] से हूँ गो खुर्सद[6]
हालो-माज़ी[7] का राव्ता[8] ताचन्द
मौत से साज़ करके जीना क्या
खुम[9] से जो गिर गयी वो पीना क्या
वह्म[10] से चाके-अक़्ल सीना क्या
उधड़े जाते हैं खुद-ब-खुद पैबन्द

(3)

नग़मगी[12] ग़म प छायेगी क्योंकर
मुफ़लिसी गुनगुनायेगी क्योंकर
मयकदा है निशात[13] की बस्ती
फिर भी मिटता नहीं ग़मे-हस्ती[14]
मुस्तक़िल प्यार, आरजी[15] मस्ती
रूह तस्कीन पायेगी क्योंकर

---

1. कल्पना, 2. दर्शन, 3. आनन्द, नशा, 4. अन्धकार, 5. पूर्वजों का उल्लेख, 6. प्रसन्न, 7. वर्तमान और अतीत, 8. सम्बन्ध, 9. मदिरा-घट, 10. भ्रम, 11. बुद्धि की दरार, 12. संगीतमयता, 13. आनन्द, उल्लास, हर्ष, 14. जीवन-पीड़ा, 15. क्षणिक।

(4)

यख़[16] जमेगी शरार[17] पर कितनी
आगही[18] होगी बेख़बर कितनी
ज़ुल्फ़ लहरा के इत्र बरसा जाये
नश्शा-सा इक हवास पर छा जाये
नर्म ज़ानू[19] प नींद भी आये
नींद की उम्र ही मगर कितनी

16. बर्फ़, 17. चिंगारी, 18. चेतना, 19. जाँघ।

इख़्फ़ा-ए-मुहब्बत[1]

तुम मुहब्बत को छुपाती क्यों हो?
हाय! ये हीर की सूरत जीना
मुँह बिगाड़े हुए अमृत पीना
काँपती रूह धड़कता सीना
जुर्म फ़ितरत[2] को बनाती क्यों हो?
तुम मुहब्बत को छुपाती क्यों हो?
दिल भी है दिल में तमन्ना भी है
कुछ जवानी का तक़ाज़ा भी है
तुमको अपने पर भरोसा भी है
झेंपकर आँख मिलाती क्यों हो?
तुम मुहब्बत को छुपाती क्यों हो?
हाँ, वो हँसते हैं जो इन्सान नहीं
जिनको कुछ इश्क़ का इरफान[3] नहीं
संगजादों[4] में ज़रा जान नहीं
आँख ऐसों की बचाती क्यों हो?
तुम मुहब्बत को छुपाती क्यों हो?
ज़ुल्म तुमने कोई ढाया तो नहीं
इब्ने-आदम को सताया तो नहीं
खूँ ग़रीबों का बहाया तो नहीं
यों पसीने में नहाती क्यों हो?
तुम मुहब्बत को छुपाती क्यों हो?

---

1. प्रेम की गोपनीयता, 2. प्रकृति, स्वभाव, 3. बोध, ज्ञान, 4. पत्थर की सन्तानों, 5. मनुष्य की सन्तान।

झेंपते तो नहीं मन्दिर के मकीं[6]
झेंपते तो नहीं मेहराबनशीं[7]
मक्र[8] पर उनकी चमकती है जबीं

सिद्क़[9] पर सर को झुकाती क्यों हो?
तुम मुहब्बत को छुपाती क्यों हो?
परदा है दाग़ छुपाने के लिए
शर्म है किज़्ब[10] प छाने के लिए
इश्क़ इक गीत है गाने के लिए
इसको होंटों में दबाती क्यों हो?
तुम मुहब्बत को छुपाती क्यों हो?
आओ, अब घुटने की फ़ुरसत ही नहीं
और भी काम हैं उल्फ़त ही नहीं
है ये ख़ामी भी नदामत[11] ही नहीं
डर के चिलमन[12] को उठाती क्यों हो?
तुम मुहब्बत को छुपाती क्यों हो?

---

6. निवासी, 7. मेहराबों में बैठने वाले, 8. धूर्तता, मक्कारी, 9. सत्य, 10. झूठ, 11. शर्मिन्दगी, 12. परदा।

आख़िरी जंग

बक़ा[1] को मुज़दा-ए-बक़ा[2] कि रन में आ रहे हैं हम
नये सुरों में ज़िन्दगी के गीत गा रहे हैं हम
नयी ज़मीं प इक नया जहाँ बसा रहे हैं हम
नये जहाँ प इक नया फ़लक[3] बना रहे हैं हम
नये फ़लक प झूम-झूम छाये जा रहे हैं हम
बक़ा को मुज़्दा-ए-बक़ा कि रन में आ रहे हैं हम

तमाम असा-ए-जहाँ[4] बशर[5] की क़त्लगाह है
ज़मीं है ज़र्द खौफ़ से, फ़लक का मुँह सियाह है
दबीज़[6] तह में खून की निहाँ अमल की राह है
हयात बे-दयार[7] है, शबाब बे-पनाह है
बहा के खून, खून की तहें बहा रहे हैं हम
बक़ा को मुज़्दा-ए-बक़ा कि रन में आ रहे हैं हम

चिराग़ है बुझा-बुझा सा मंज़िले-नजात का
पड़ा है दिन की लाश पर कफ़न अँधेरी रात का
उतर गया है तार-तार साज़ कायनात का
सिमट के नुक़्ता बन गया है दायरा हयात का
बढ़ाके एक नुक़्ते को तबक़[8] बना रहे हैं
बक़ा को मुज़्दा-ए-बक़ा कि रन में आ रहे हैं हम

---

1. अस्तित्व, जीवन, 2. जीवन का शुभ सन्देश, 3. आकाश, 4. संसार का विस्तार, 5. मानव, 6. मोटी, 7. निराश्रय, 8. थाली (अनन्त विस्तार), आकाश।

नसीहतों से वाज़[9] से कभी रजज़[10] दबा नहीं
ख़रोशे-रादे-जंग[11] ने प्यामे-हक़[12] सुना नहीं
हवा-ए-गुल से आहनी हिसार[13] टूटता नहीं
शरारो-बर्क़[14] और यख़,[15] कोई मुकाबला नहीं
क़यामतें क़यामतों के सर पर ढा रहे हैं हम
बक़ा को मुज़्दा-ए-बक़ा कि रन में आ रहे हैं हम

हयात[16] का ये हुक्म है, निशाने-अमन[17] गाड़ दो
बने-बनाये रहज़नी के खेल सब बिगाड़ दो
फ़ना-ए-ज़ुल्म[18] के लिए असासे-ज़ुल्म[19] उखाड़ दो
ख़िज़ाँ को जो पनाह दे वो बाग़ ही उजाड़ दो
मै[20] ख़िज़ाँ नशेमने-ख़िज़ाँ[21] जला रहे हैं हम
बक़ा को मुज़्दा-ए-बक़ा कि रन में आ रहे हैं हम

हमारा इज्तमाअ[22] है जमी सिपाह[23] के लिए
हमारी तेग़े-बर्क़दम[24] है फ़र्क़े-शाह[25] के लिए
हमारे ज़लज़ले हैं काख़ो-इज़्ज़ो-जाह[26] के लिए
हमारी जस्तो-ख़ेज़[27] है कुशूदे-राह[28] के लिए
हिसार तोड़ते हैं हम, पहाड़ ढा रहे हैं हम
बक़ा को मुज़्दा-ए-बक़ा कि रन में आ रहे हैं हम

---

9. धर्मोपदेश, 10. रणक्षेत्र में अपने कुल की शूरवीरता का वर्णन, 11. युद्ध की बिजली की कड़क का कर्कश स्वर, 12. सत्य-सन्देश, 13. घेरा, 14. चिंगारी और बिजली, 15. बर्फ़, 16. जीवन, 17. शान्ति की ध्वजा, 18. अत्याचार का विनाश, 19. अत्याचार की नींव, 20. सहित, 21. पतझड़ का घोसला, 22. समूह, 23. सेना, 24. बिजली-जैसी तेज तलवार, 25. बादशाह का सर, 26. महल, प्रतिष्ठा और पद, 27. दौड़-धूप, प्रयास, 28. मार्ग प्रशस्त करना।

हमारे क़स्दो-अज़्म[29] के ख़मीर में सबात[30] है
ज़फर हमारे गिर्दो-पेश[32], रसो-चप नजात[38] है
हमारी पुश्ते-आहनी[34] प इर्तिक़ा[35] का हात है
जिलौ[36] में हैं जवानियाँ, रकाब में हयात है
गरज के देवे-जंग[37] का गला दबा रहे हैं हम
बक़ा को मुज़्दा-ए-बक़ा कि रन में आ रहे हैं हम

गलों प हाथ डाल के, कलाइयाँ मरोड़ के
चढ़ी कमाँ उतार के बलन्द तेग़ तोड़ के
अनासिरे-मआशरत[38] से सम्मियत[39] निचोड़ के
पुकार के, उभार के, झँझोड़ के, भँभोड़ के
गरोह को गराह से गले मिला रहे हैं हम
बक़ा को मुज़्दा-ए-बक़ा कि रन में आ रहे हैं हम

जो चाँद आसमाँ प था, ज़मीं प जगमगायेगा
सितारा दौड़-दौड़ के क़दम प सर झुकायेगा
तसव्वुरे-बिहिश्तो-खुल्द[40] तजरुबे में आयेगा
बहार मुस्करायेगी, जमाल[41] गुनगुनायेगा
उठो कि आसमान को ज़मीं प ला रहे हैं हम
बक़ा को मुज़्दा-ए-बक़ा कि रन में आ रहे हैं हम।

---

29. दृढ़ निश्चय तथा संकल्प, 30. चिरस्थायित्व, 31. विजय, 32. दाँये-बाँये, 33. मुक्ति, 34. फ़ौलादी पीठ, 35. विकास, 36. लगाम, 37. युद्ध-पिशाच, 38. सामूहिक जीवन के तत्व, 39. विष का प्रभाव, 40. स्वर्ग की कल्पना, 41. सौन्दर्य।

अवामी जंग

हटो, मैदान में हम आ रहे हैं
ये आँधी और ये तूफ़ान तोबा
ये लाशें और ये मैदान तोबा
बिलखते चीखते इन्सान तोबा
कहाँ तक हम यों देखा करेंगे
हटो, मैदान में हम आ रहे हैं
क़यामत ढा चुकी रजअत-पसन्दी[1]
लहू बरसा चुकी रजअत-पसन्दी
सरों तक आ चुकी रजअत-पसन्दी
हटो, अब बढ़ के हम हमला करेंगे
हटो, मैदान में हम आ रहे हैं
ये तय्यारे[2], ये गुब्बारे, ये फ़ौजें
सुरंगें, तारपीडो, टैंक, तोपें
नहीं इनमें यह ताक़त हमको रोके
करेंगे इन प हम क़ब्ज़ा करेंगे
हटो, मैदान में हम आ रहे हैं
चढ़े आते हैं नाज़ी दनदनाते
जलाते, फूँकते, फ़िले[3] जगाते
कड़कते, तिलमिलाते, खूँ बहाते
हम इस यलग़ार[4] को पसपा[5] करेंगे
हटो, मैदान में हम आ रहे हैं

---

1. प्रतिक्रियावाद, 2. विमान, 3. उपद्रव, 4. चढ़ाई, आक्रमण, धावा, 5. परास्त।

हमारे साथ मज़दूरों के दल हैं
हमारे दोस्त तूफ़ाने-अमल[6] हैं
हमारे हमनवा[7] कोहो-जबल[8] हैं
हम उनको पीसकर सुरमा करेंगे
हटो, मैदान में हम आ रहे हैं

हमारे साथ है रूसी शुजाअत[9]
हमारे साथ है चीनी हमीअत[10]
हमारे सामने है आदमीयत
बहीमीयत[11] को हम ठण्डा करेंगे
हटो, मैदान में हम आ रहे हैं

हमारे साथ हिन्दी सूरमा हैं
कुछ इंगलिस्तान के भी बा-वफ़ा हैं
कुछ अमरीका के भी हक़्क़-आशना[13] हैं
तशद्दुद को तहो-बाला[14] करेंगे
हटो, मैदान में हम आ रहे हैं

हमारी क़ुव्वतों का पूछना क्या
हमारी पुश्त[15] पर है एक दुनिया
हमारे हाथ में है लाल झण्डा
यह झण्डा जिसको हम ऊंचा करेंगे
हटो, मैदान में हम आ रहे हैं।

---

6. कर्मठता का तूफ़ान, 7. स्वर में स्वर मिलाकर बोलने वाले, समर्थक, 8. पर्वत, 9. वीरता, 10. स्वाभिमान, 11. पाशविकता, 12. सत्य को जानने वाले, 13. हिंसा, 14. चकनाचूर (नीचे-ऊपर) 15. पीठ।

आख़िरी इम्तिहाँ

बिजलियाँ, आग, टैंक, बस, तोपें
इम्तिहाँ अज़्म[1] का, सबात[2] का है
रूस! ये तेरी जंग जंग नहीं
आख़िरी मार्का[3] हयात[4] का है

ये तेरा अज़्म, तेरी कुर्बानी
काम इक रोज़ आ ही जायेगी
नौजवानों के खून की सुर्खी
रू-ए-आलम[5] पे छा ही जायेगी

नयी दुनिया की पड़ रही है नींव
ख़ैर उजड़ी तो उजड़ी आबादी
फ़ैसला हो गया सरे-मैदाँ
ज़िन्दगी है गराँ[6] कि आज़ादी

ख़ाक में जज्ब अब नहीं होता
खून तूफ़ान अब उठायेगा
हाँ यही जोश, सैल[7], तुग़यानी[8]
आज क़ातिल ही डूब जायेगा

है बदलने प वक़्त आमदा
ख़ूँ तेरा रायगाँ[9] नहीं होगा
आख़िरी है यह मौत का मला
अब कोई इम्तिहाँ नहीं होगा।

---

1. दृढ़ संकल्प, 2. चिरस्थायित्व, 3. मोर्चा, 4. जीवन, 5. संसार का चेहरा, 6. महँगी, 7. बाढ़, 8. तुफ़ान, बाढ़, 9. व्यर्थ।

धुआँ

ये सियहफ़ाम[1] चिमनी से उठता धुआँ
कारखाने का ढाला हुआ आसमाँ
अब्र[2] की तरह गर्दूं[3] के लब चूमता
अजदहे[4] की तरह ऐंठता झूमता

लू की मानिन्द दामन झिटकता हुआ
ज़हर बनकर फ़ज़ा में छिटकता हुआ
बिजलियाँ आस्तीं में सँभाले हुए
बोझ-सा दोशे-हस्ती[5] पे डाले हुए

गह[6] सिमटता हुआ, गाह[7] खिंचता हुआ
इनफरादी शिकजे में भिंचता हुआ
देखकर रुख़ हवाओं का उड़ता हुआ
शहरे-मेहनत की जानिब से मुड़ता हुआ

लू से आँधी से बाज़ी लगाता हुआ
दूसरी चिमनियों को छुपाता हुआ
यक रुख़ी को फ़ज़ा की मिटाये हुए
वस्त[8] में एक दीवार उठाये हुए
साथ उड़ती हुई लेके अंगड़ाइयाँ
घड़घड़ाती मशीनों की परछाइयाँ

---

1. काला, 2. बादल, 3. आकाश, 4. अजगर, 5. जीवन के कन्धे, 6. कहीं, कभी 7. व्यक्तिगत, निजी, 8. बीच, मध्य।

दामने-तार पर जा-बज़ा नक़्शगीर[10]
ख़ूने-मज़दूर की आड़ी-तिरछी लकीर
नज़्मो-तरतीबों-तामीर[11] से बेख़बर
तुंदो-तारीक[12] लहरों में तुफ़ी-असर[13]

आज़िरों[14] के लिए अब्रे-जूदो-अता[15]
और मेहनतफ़रोशों को क़हतो-वबा
उनके फ़िरदौसे-हिर्सो-हविस[16] में बहार
इनकी किश्ते-मशक़्क़त[17] पे बर्क़ो-शरार[18]

उनके क़ब्ज़े में देता हुआ तहतो-फ़ौक़[19]
इनकी ख़ातिर लिये दारो-ज़ंजीरो-तौक़[20]
ये धुआँ, आह 'कैफ़ी', यह अन्धा धुआँ
एक मुद्दत से है जो यों ही परफ़िशाँ[21]

सत्ह से नफाख़ोरी की उभरे अगर
तोड़-ले चाँद-तारे अभी झूमकर
इर्तिक़ा[22] जल्ब-ए-नौ[23] दिखलाने लगे
बनके जन्नत जमीं जगमगाने लगे।

---

9. अन्धकारमय आँचल, 10. अंकित, 11. विधान, व्यवस्था तथा निर्माण, 12. तेज और अन्धकारमय, 13. क्षणिक प्रभाव, 14. पारिश्रमिक देने वाले, मालिक, 15. दानशील बादल, 16. ईर्ष्या और लोलुपता का स्वर्ग, 17. श्रम का खेत, 18. बिजली और चिंगारियाँ, 19. प्रभुत्व तथा श्रेष्ठता, 20. फाँसी, जंजीर और गले का फंदा, 21. पर फड़फड़ाता हुआ, 22. विकास, 23. नया रूप।

सुर्ख़ जन्नत
(पच्चीसवीं सालगिरह के मौक़े पर)

ये रूस जिसको दरिन्दे मिटा रहे हैं आज
यहीं जमा क़दमे-इन्क़लाब पहले-पहल
यहीं हयात हुई कामयाब पहले-पहल
उठा यहीं से नया आफ़ताब[1] पहले-पहल
स्याह अब्र[2] फरहरे उड़ा रहे हैं आज

इसी ज़मीन पर आज़ाद आदमीयत है
है हुस्न हुस्न, मुहब्बत यहीं मुहब्बत है
इसी बिहिश्त में हव्वा[3] की बादशाहत है
इसी बिहिश्त पे शैतान छा रहे हैं आज

यहीं हयात ने तक़दीर का सनम[4] तोड़ा
यहीं फ़क़ीर के कासे[5] ने जामे-जम[6] तोड़ा
इसी बिसात प कारूनियत[7] ने दम तोड़ा
ख़ज़ानाकोश[8] यहीं हश्र[9] ढा रहे हैं आज

जला के फूँक के मनहूस बन्दिशें सारी
दिया गया यहीं इन्साँ को ज़ौक़े-बेदारी[10]
रहे-बक़ा[11] से हुई दूर भूख बेकारी
शरीर फिर वही काँटे बिछा रहे हैं आज

---

1. सूरज, 2. बादल, 3. नारी, 4. मूर्ति, 5. भिक्षा-पात्र, 6. बादशाह जमशेद का सुरा-पात्र, 7. धन-सत्ता, 8. धन संचय करना जिनका स्वभाव है, 9. प्रलय, 10. जागृति की रुचि, 11. जीवन-मार्ग।

इसी ज़मीं ने किसानों की क़द्र जानी है
इसी ज़मीन पे मेहनत की हुक्मरानी है
यह शाह को नहीं इन्सॉं की राजधानी है
उजड़ के खुद जिसे इंसॉं बचा रहे हैं आज

ज़रा अमॉं[12] जो मिला इस ज़मीन को शर[13] से
अदब[14] के फूल खिले, अब्र इल्म के बरसे
गुहर[15] तराश लिये इर्तिक़ा[16] ने पत्थर से
फिर इर्तिका को सितम आज़मा रहे हैं आज

यह सच है 'कैफ़ी' सितम हो रहा है आज उस पर
मगर वह अक्स जो डाले हुए था ताज उस पर
वह परदे जो कि उढ़ाये था साम्राज्य उस पर
वह परदे जंग के शोले उठा रह हैं आज

12. शान्ति, 13. उपद्रव, 14. साहित्य, 15. मोती, 16. विकास।

ताजमहल

दोस्त, मैं देख चुका ताजमहल
वापस चल
मरमरी-मरमरी[1] फूलो से उबलता हीरा
चाँद की आँच में दहके हुए सीमीं मीनार
ज़ेहूने-शायर[2] से ये करता हुआ चश्मक[3] पैहम[4]
एक मलिका का ज़ियापोशो-फ़जाताब[5] मज़ार
खुद-बखुद फिर गये नजरों में ब-अंदाज़े-सवाल[6]
वो जो रस्तों प पड़े रहते हैं लाशों की तरह
खुश्क होकर जो सिमट जाते हैं बे-रस आसाब[7]
धूप में खोपड़ियाँ बजती हैं ताशों[8] की तरह
दोस्त, मैं देख चुका ताजमहल
वापस चल

ये धड़कता हुआ गुम्बद में दिल शाहजहाँ
ये दरो-बाम प हँसता हुआ मलिका का शबाब
जगमगाता है हर इक वह से मज़ाक़-तफ़रीक़[9]
और तारीख़[10] उढ़ाती है मुहब्बत की नकाब
चाँदनी और यह महल आलमे-हैरत[11] की क़सम
दूध की नहर में जैसे उबाल आ जाये
ऐसे सैयाह[12] की नजरों में खुपे क्या ये समाँ
जिसको फ़रहाद की क़िस्मत का ख़याल आ जाये
दोस्त, मैं देख चुका ताजमहल
वापस चल

---

1. श्वेत, उज्ज्वल, 2. रुपहले, 3. आँख के इशारे से गुप्त बात कहना, 4. निरन्तर, 5. वातावरण में प्रकाश फैलता हुआ, 6. प्रश्न करने की तरह, 7. स्नायु-समूह, 8. ढोल, 9. भेदभाव की रुचि, 10. इतिहास, 11. आश्चर्य-जगत, 12. यात्री, पर्यटक।

ये दमकती हुई चौखट, ये तिलापोश[13] कलस
इन्हीं जल्वों[14] ने दिया क़ब्र-परस्ती को रिवाज
माहो-अंजुम[15] भी हुए जाते हैं मजबूरे-सजूद[16]
वाह आरामगहे-मलिकाए-माबूदमिज़ाज[17]

दीदनी[18] क़स्र[19] नहीं, दीदनी तक़सीम[20] है ये
रूए-हस्ती[21] प धुआँ, क़ब्र प रक्से-अनवार[22]
फैल जाये इसी रौज़े[23] का जो सिमटा दामन
कितने जानदार जानाज़ों को भी मिल जाये मज़ार
दोस्त, मैं देख चुका ताजमहल
वापस चल।

---

13. सोने से मढ़ा हुआ, 14. दृश्यों, 15. चाँद-तारे, 16. सर झुकाने (सिज्दा करने) पर विवश, 17. प्रेमिका जैसे स्वभाव वाली मलिका का विश्रामगृह, 18. देखने योग्य, 19. महल, 20. वितरण, 21. जीवन का मुखड़ा, 22. ज्योति का नृत्य, 23. मकबरा।

साक़ी

ये कैसी बेकसी, कैसी भयानक शाम है साक़ी
सुबू[1] सँवला गये हैं ज़र्द रू-ए-जाम[2] है साक़ी
सुकूँआवर[3] तराने थरथराकर बैठ जाते हैं
फ़ुसूँपरवर[4] मुग़न्नी[5] लर्ज़ा-बर-अन्दाम[6] है साक़ी
छलकते सागरों[7] में जैसे जलते ख़ून की बू है
सिमटती मौजे-मय जैसे फ़ज़ा का दाम[8] है साक़ी
सुराही सरनिगूँ[9] है, खुम[10] शिकस्ता[11], साज़-बे-नग़मा
ये किस ग़ारतगरे-ऐशो-तरब[12] का काम है साक़ी
ज़रा दर खोल मयख़ाने का, मैं खुद बढ़के देखूँगा
फ़ज़ा में देर से कैसा बपा कुहराम है साक़ी
अरे, ये तो इसी जानिब बलाएँ बढ़ती आती हैं
बलाओं की जिलो में एक क़त्ले-आम है साक़ी
उठा दे पीनेवालों को, जगा दे सोनेवालों को
कि अब वादापरस्ती[13] मौत का पैग़ाम है साक़ी
ये बरबत तोड़, ये मय फेंक, ये जामो-सुबू ले जा
अमल का वक़्त जद्दो-जेहद[14] का है हंगाम है साक़ी
किया है बे-नियाज़े-होश[15] जिनको मय के छींटों से
उन्हें बेदार[16] कर देना भी तेरा काम है साक़ी
गिराने ही को हैं फ़ाशी लुटेरे बाबे-मयख़ाना[17]
ग़ज़ब है हाथ में तेरे अभी तक जाम है साक़ी
जिसे इक रोज़ रह्ने-मय[18] किया था मैंने मस्ती में
उठा तो ला, कहाँ वो तेग़े-ख़ूँ-आशाम[19] है साक़ी

---

1. सुराही, 2. सुरा-पात्र का मुखड़ा, 3. शान्तिप्रद, 4. जादू करने वाला, 5. गायक, 6. जिसका शरीर भय से काँप रहा हो, 7. सुरा-पात्रों, 8. जाल, 9. नतमस्तक, 10. मदिरा-घट, 11. टूटे हुए, 12. हर्ष और उल्लास को नष्ट करने वाला, 13. मदिरा-पान, 14. संघर्ष, 15. निश्चेत, 16. जागृति, 17. मदिरालय का द्वार, 18. शराब के बदले गिरवी, 19. खून की प्यासी तलवार।

उलझनें

ज़ुबाँ को तरजुमाने-ग़म[1] बनाऊँ किस तरह 'कैफ़ी'
मैं बर्गे-गुल[2] से अंगारे उठाऊँ किस तरह 'कैफ़ी'
समझ में किसकी आये राज़ मेरे हिचकिचाने का
अँधेरे में चला करता है हर नावक[3] ज़माने का
निगाहे-मस्त की अल्लाह रे मासूम ताकीदें
मुझे है हुक्म साज़े-मुफ़लिसी पर गुनगुनाने का
मैं साज़े-मुफ़लिसी पर गुनगुनाऊँ किस तरह 'कैफ़ी'
हँसी भी मेरी नौहा[4] है, मेरा नग़मा भी मातम है
जुनूँ[5] भी मुझसे बरहम[6] है, ख़िरद[7] भी मुझसे बरहम है
सुलगता शौक़, पिघलते वलवले,[8] जाती तमन्नाएँ
ज़मीं मेरी ज़हन्नम है, फ़लक[9] मेरा जहन्नम है
खयाली जन्नतों में बैठ जाऊँ किस तरह 'कैफ़ी'
ये तौक़-बन्दगी,[10] वो फूल सी गर्दन मआज़-अल्लाह
वो शहद-आलूद[11] लब[12] और तल्ख़ी-ए-शेवन[13] मआज़-अल्लाह[15]
कमाले-हुस्न और ये इनकिसारे-इश्क़,[14] अरे तौबा
ये नाज़ुक हाथ मेरा गोशा-ए-दामन मआज-अल्लाह
झिटककर गोशा-ए-दामन छुड़ाऊँ किस तरह 'कैफ़ी'
नवीदे-सुब्ह[16] सुनता ही नहीं रंगीन ख़्वाब उसका
घिरा जाता है ज़ुल्मत-रेज़[17] किरनों में शबाब उसका
मुझे फ़ुरसत नहीं रंगीनियों में डूब जाने की
उसे देता है धोका एतबारे-इन्तख़ाब[18] उसका
हक़ीक़त मस्त आँखों को दिखाऊँ किस तरह 'कैफ़ी'

---

1. दुःख को व्यक्त करने वाला, 2. पंखड़ी, 3. तीर, 4. शोक-गीत, 5. उन्माद, 6. रुष्ट, 7. विवेक, 8. उमंगें, 9. आकाश, 10. दासता का फंदा, 11. मधुमय, 12. होंठ, 13. विलाप की कटुता, 14. प्रेम की विनम्रता, 15. आँचल का कोना, 16. प्रभात-सन्देश, 17. अन्धकार फैलाने वाली, 18. अपनी पसन्द पर भरोसा।

फ़ना[19] में हुज़्न-दीदा[20] ज़िन्दगी ज़म[21] होती जाती है
थकी नब्ज़ों की ख़स्ता ज़र्द[22] मद्धम होती जाती है
ये अरमानों का मौसम, ये मेरी गिरती हुई सेहत
अँधेरी रात और लौ शम्अ की कम होती जाती है
शबिस्ताने-वफ़ा को जगमगाऊँ किस तरह 'कैफ़ी'
निराली जस्त[23] करना है, नये रस्ते प चलना है
नये शोलों में तपना है, नये साँचे में ढलना है
यही दो-चार साँसें जो अभी मुझको सँभाले हैं
इन्हीं दो-चार साँसों में ज़माने को बदलना है
इन्हें भी सर्द गीतों में गँवाऊँ किस तरह 'कैफ़ी'
परीशाँ क़ाफ़िले ने अब निशाँ मंज़िल का पाया है
धुँधलकों के उधर इक सुर्ख़ तारा झिलमिलाया है
चले हैं हाँपते इन्साँ नयी दुनिया बसाने को
बहुत ऐसे हैं इनमें जिनको खुद मैंने बढ़ाया है
मैं खुद ही रास्ते से लौट आऊँ किस तरह 'कैफ़ी'।

---

19. विनाश, मृत्यु, 20. शोकग्रस्त, दुखी, 21. विलीन, 22. आघात, चोट, 23. छलाँग।

नज़्रे-कराची

अजब क्या दामने-यूसुफ़ की अज़्मत[1] उनको मिल जाए,
कराची में जो कुछ तारे-गरीबाँ छोड़ आया हूँ।

कोई दस्ते-हिनाई[2] यूँ ही लहराया था चिलमन में,
मैं टुकड़े करके अपने जेबो-दामाँ छोड़ आया हूँ।

परीशाँ ख़्वाब जितने सिन्ध की ज़ुल्फ़ों ने बख़्शे थे,
उन्हीं के नाम वो ख़्वाबे-परीशाँ छोड़ आया हूँ।

रजज़-ख़ानों[3] को भी इक दिन ग़ज़ल-ख़ानी[4] सिखा देंगे,
वो मेरे हमनवा जिनको ग़ज़लख़ाँ छोड़ आया हूँ।

खुशी ये है बसा लाया हूँ उसको अपने सीने में,
क़लक़[5] ये है कि वो शहरे-निगाराँ[6] छोड़ आया हूँ।

जहाँ मिलती है बे माँगे भी सब को दीन की दौलत,
मैं उस बस्ती में अपना दीनो-ईमाँ छोड़ आया हूँ।

---

1. महानता, 2. मेंहदी लगे हुए हाथ, 3. युद्ध-क्षेत्र में अपने कुल की शूरता और श्रेष्ठता का वर्णन करनेवाले, 4. ग़ज़ल पढ़ना,

लखनऊ तो नहीं

अज़ा[1] में बहते थे आँसू यहाँ लहू तो नहीं,
ये कोई और जगह होगी लखनऊ तो नहीं।

वहाँ तो चलती है छुरयाँ ज़बान से पहले,
ये मीर अनीस' की, 'आतश' की गुफ़्तुगू तो नहीं।

टपक रहा है जो ज़ख्मों से दोनों फ़िरकों[2] के,
ब-ग़ौर देखो ये इस्लाम का लहू तो नहीं।

तुम इसका रख लो कोई और नाम मौजूँ-सा[3],
किया है ख़ून से जो तुमने वो वज़ू तो नहीं।

बुझ रहे हैं जिसे आप अपने दामन से,
कहीं, वो आप ही की शम्अ-ए-आरजू तो नहीं।

समझ के माल मेरा जिसको तुमने लूटा है,
पड़ोसियो! वो तुम्हारी ही आबरू तो नहीं।

---

1. शोक, 2. सम्प्रदायों, 3. उपयुक्त-सा।

सोमनाथ

बुत-शिकन[1] कोई कहीं से भी न आने पाये
हमने कुछ बुत अभी सपने में सजा रखे हैं
अपनी ख़्वाबों में बसा रखे हैं।

दिल प ये सोच के पथराव करो दीवानो !
कि जहाँ हमने सनम[2] अपने छुपा रखे हैं
वहीं 'ग़ज़नी' के ख़ुदा रखे हैं

बुत जो टूटे तो किसी तरह बना लेंगे उन्हें
टुकड़े-टुकड़े सही दामन में उठा लेंगे उन्हें
फिर से उजड़े हुए सपने में सजा लेंगे उन्हें।

गर ख़ुदा टूटेगा हम तो न बना पायेंगे
उसके बिखरे हुए टुकड़े न उठा पायेंगे
तुम उठा लो तो उठा लो शायद
तुम बना लो तो बना लो शायद।

तुम बनाओ तो ख़ुदा जाने बनाओ कैसा
अपने जैसा ही बनाया तो क़यामत होगी
प्यार होगा न ज़माने में मुहब्बत होगी
दुश्मनी होगी अदावत[3] होगी
हमसे उसकी न इबादत होगी।

---

1. मूर्ति तोड़नेवाला, 2. मूर्ति, महबूब, 3. दुश्मनी।

वहशते-बुत शिकनी देख के हैराँ हूँ मैं।
बुत परस्ती मेरा शेवा[4] है कि इन्साँ हूँ मैं।
इक-न-इक बुत तो हर इक दिल में छुपा होता है।
उसके सौ नामों में इक नामे-ख़ुदा होता है।

---

4. स्वभाव।

मक़तले-बेरुत

ऐ सबा[1] लौट के किस शह्र से तू आती है
तेरी हर लह्र से बारूद की बू आती है

ख़ूँ कहाँ बहता है इन्सान का पानी की तरह
जिससे तू रोज़ यहाँ करके वुज़ू आती है

धज्जियाँ तूने नक़ाबों की गिनी तो होंगी
यूँ ही लौट आती है या करके वज़ू आती है

अपने सीने में चुरा लायी है आहें किसकी
मल के रुख़सार[2] पे किस-किसका लहू आती है

1. पुरवाई, 2. गन्ध, 3. गाल।

सबा का जवाब

अय्युहन्नास[1] फ़िलिस्तीन सदा[2] देता है
वो भी ऐसे कि हिमालय को हिला देता है
उसकी आवाज़ प लब्बैक[3] कहा जो तूने
हर लबे-ज़ख़्म से वो तुझको दुआ देता है
बेख़बर इतने नहीं तुम कि ये मालूम न हो
तख़्त पर कौन 'यज़ीदों' को बिठा देता है।

'शिम्र' जालिम भी है, बातिल[4] भी है मतऊन[5] भी है
वो है क्या शिम्र को ख़ंजर जो थमा देता है
कभी हथियारों के ताजिर[6] से ये जाकर पूछो
कौन इक शहर को शमशान बना देता है
क्या उठायेगा ख़ुदा हश्र[7] ख़ुदा ही जाने
आदमी रोज़ कोई हश्र उठा देता है

मेरी क्यों मानोगे ये पूछ लो हथियारों से
कौन वो लोग हैं दुश्मन हैं जो आज़ादी के
नाम बतलायेंगी बेरुत की ज़ख़्मी गलियाँ

कौन दरपै[8] हुआ इन्सान की बरबादी के
बे-जमीरी[9] का है अहद[10] खबर है कि नहीं
किस तवक्को[11] प हिलें लब किसी फ़रयादी के
बन्द पानी हुआ बेरुत के जाँ-बाज़ों[12] पर

---

1. ऐ लोगों, 2. आवाज़, 3. हम उपस्थित, समर्थन-द्वैतक वाक्य, 4. अशक्त, 5. तिरस्कृत, 6. व्यापारी, 7. प्रलय, 8. डट जाना, 9. आत्मसम्मान से रहित, 10. युग, 11. अपेक्षा।

हरबे[13] राइज[14] हैं अभी तक वही जल्लादी के
एक-इक बूँद को जिस वादी[15] में तरसे थे 'हुसैन'
तेल के चश्मे[16] हैं नासूर उसी वादी के
ऐ सबा अब हो जो बेरुत की गलियों में गुज़र
और तेरे सामने आ जाये कोई ताज़ा खँडर
उससे कह देना कि भारत का भी सीना है फ़गार[17]
हिल गया कोह-हिमाल[18] जो सुनी तेरी पुकार

तू अकेला नहीं इस जंग में हम तेरे है
दिल से खुशियाँ हैं तेरी सीने में गम तेरे हैं
जितने काँटे भी बिछाता हो बिछा ले कोई
तेरी राहों से जुदा होंगी न राहें अपनी
ग़म न कर हाथ अगर तेरे क़लम हो जायें
जोड़ देंगे तेरे बाज़ू में ये बाँहें अपनी

---

12. बहादुरों, 13. अस्त्र, 14.प्रचलित, 15. क्षेत्र, 16. स्त्रोत, 17. फटे हुए, 18. हिमालय पर्वत।

ग़ज़ल

ये हक़ीक़त[1] है मालिक गुमाँ[2] तो नहीं
मेरा छप्पर तेरा आसमा तो नहीं

क्यों घटाएँ झुकी हैं मेरे बाग़ पर
आसतीनों में कुछ बिजलियाँ तो नहीं

आज सरगर्म[3] हैं कछ लुटेरे बहुत
रास्ते में कोई कारवाँ तो नहीं

वो अचानक नज़र आये हैं मेहरबाँ
ये भी मेरा कोई इम्तेहा तो नहीं

रख हवेली की बुनयाद ये देखकर
इस ज़मीं पर कोई आसमाँ तो नहीं

माँ की आग़ोश[4] है ये मुबारक ज़मीं
'आज़मी जी' यहाँ मेहमाँ तो नहीं

---

1. सत्य, 2. भ्रम, 3. प्रयत्नशील, 4. गोद।

ग़ज़ल

वो कभी धूप कभी छाँव लगे
मुझे क्या-क्या न मेरा गाँव लगे
किसी पीपल के तले जा बैठें
अब भी अपना जो कोई दाँव लगे
एक रोटी के तअक़्क़ुब[1] में चला हूँ इतना
कि मेरा पाँव किसी और ही का पाँव लगे
रोटी-रोज़ी की तलब जिसको कुचल देती है
उसकी ललकार भी इक सहमी हुई म्याँव लगे
जैसे देहात में लू लगती है चरवाहों को
बम्बई में यूँ ही तारों की हसीं छाँव लगे।

---

1. पीछा करना।

ग़ज़ल

हाथ आकर गया, गया कोई
मेरा छप्पर उठा गया कोई

लग गया इक मशीन में मैं भी
शहर में ले के आ गया कोई

मैं खड़ा था कि पीठ पर मेरी
इश्तिहार इक लगा गया कोई

ऐसी महँगाई है कि चेहरे भी
बेच के अपना खा गया कोई

अब कुछ अरमाँ हैं न कुछ सपने
सब कबूतर उड़ा गया कोई

ये सदी धूप को तरसती है
जैसे सूरज को खा गया कोई

वो गये जब से ऐसा लगता है
छोटा-मोटा ख़ुदा गया कोई

मेरा बचपन भी साथ ले आया
गाँव से जब भी आ गया कोई

ग़ज़ल

दस्तूर[1] क्या ये शहर-सितमगर[2] के हो गये
जो सर उठा के निकले थे बे-सर के हो गये
ये शहर तो है आपका, आवाज़ किसकी थी
देखा जो मुड़ के हमने तो पत्थर के हो गये
अब सर ढंका तो पाँव खुले फिर यें सर खुला
टुकड़े इसी में पुरखों की चादर के हो गये
दिल में कोई सनम ही बचा, न खुदा रहा
इस शहर प ये ज़ुल्म भी लश्कर के हो गये
हम प बहुत हँसे थे फ़रिश्ते सो देख ले
हम फिर क़रीब गुम्बदे-बेदर[3] के हो गये

---

1. प्रचलन, 2. अन्याय नगर, महबूब का शहर, 3. आकाश।

ग़ज़ल

वो भी सराहने लगे अरबाबे-फ़न[1] के बाद
दादे-सुख़न[2] मिली मुझे तर्के-सुख़न[3] के बाद

दीवानावार चाँद से आगे निकल गये
ठहरा न दिल कहीं भी तेरी अंजुमन के बाद

एलाने-हक़ में ख़तरा-ए-दारो-रसन[4] तो है
लेकिन सवाल ये है कि दारो-रसन के बाद

होंठों को सी के देखिये पछताइयेगा आप
हंगामे जाग उठते हैं अकसर घुटन के बाद

ग़ुरबत[5] की ठण्डी छाँव में याद आयी है उसकी धूप
क़द्रे-वतन[6] हुई हमें तर्के-वतन के बाद

इन्साँ की ख़्वाहिशों की कोई इन्तेहा नहीं
दो गज़ ज़मींन चाहिए, दो गज़ कफ़न के बाद

---

1. कलाकारगण, 2. कविता की प्रशंसा, 3. वतन छोड़ना, 4. फाँसी पाने का ख़तरा 5. परदेश, 6. वतन के मूल्य की पहचान।

ग़ज़ल

शोर यूँ ही न परिन्दों[1] ने मचाया होगा
कोई जंगल की तरफ़ शहर से आया होगा

पेड़ के काटनेवालों को ये मालूम तो था
जिस्म जल जाएँगे जब सर प न साया होगा

बानी-ए-जश्ने-बहाराँ[2] ने ये सोचा भी नहीं
किस ने काँटों को लहू अपना पिलाया होगा

अपने जंगल से जो घबरा के उड़े थे प्यासे
ये सराब[3] उन को समन्दर नज़र आया होगा

बिजली के तार पे बैठा हुआ तन्हा पंछी
सोचता है कि वो जंगल तो पराया होगा

---

1. पक्षियों, 2. बसन्त उत्सव के प्रेरणा स्रातों, 3. धोखा

मेरा माज़ी[1] मेरे काँधे पर

अब तमद्दुन[2] की हो ये जीत कि हार
मेरा माज़ी है अभी तक मिरे काँधे प सवार
आज भी दौड़ के गले मैं जो मिल जाता हूँ
जाग उठता है मेरे सीने में जंगल कोई
सींग माथे प उभर आते हैं।

पड़ता रहता है मिरे माज़ी का साया[3] मुझ पर
दौरे-ख़ूँख़ारी[4] से गुज़रा हूँ छुपाऊँ क्योंकर
दाँत सब ख़ून में डूबे नज़र आते हैं।

जिनसे मेरा न कोई बैर न प्यार
उन प करता हूँ मैं वार[5]
उनका करता हूँ शिकार
और भरता हूँ जनम अपना

पेट-ही-पेट मिरा जिस्म है दिल है न दिमाग़
कितने अवतार बढ़े लेके हथेली प चिराग़
देखते रह गये धो पाये न माज़ी के ये दाग़

---

1. अतीत, 2. संस्कृति, 3. छाया, 4. रक्तपात से भरा युग, 5. आक्रमण।

मल लिया माथे प तहज़ीब[6] का ग़ाज़ा[7] लेकिन
बरबरीयत[8] का जो है दाग़ वो छूटा ही नहीं
गाँव आबाद किये शहर बसाये हमने
रिश्ता जंगल से जो अपना है वो टूटा ही नहीं
जब किसी मोड़ प पर खोल के उड़ता है गुबार
और नज़र आता है उसमें कोई मासूम शिकार
जाने क्यों हो जाता है जुनूँ एक सवार

किसी झाड़ी से उलझ के जो कभी टूटी थी
वही दुम फिर से निकल आती है
अपनी टाँगों में दबा के जिसे भरता हूँ ज़क़न्द[9]
इतना गिर जाता हूँ सदियों में हुवा जितना बलन्द

अब तमद्दुल की हो ये जीत के हार
मेरा माज़ी है अभी तक मेर काँधे प सवार

---

6. सभ्यता, 7. पाउडर, 8. पशुता, 9. छलाँग लगाना।

साँप

ये साँप आज जो फ़न उठाये
मिरे रास्ते में खड़ा है
पड़ा था क़दम चाँद पर मेरा जिस दिन
उसी दिन उसे मार डाला था मैंने

उखाड़े थे सब दाँत
कुचला था सर भी
मरोड़ी थी दुम भी,

मगर चाँद से झुक के देखा जो मैंने
तो दुम उसकी हिलने लगी थी
ये कुछ रेंगने भी लगा था

ये कुछ रेंगता कुछ घिसटता हुआ
पुराने शिवाले की जानिब[1] चला

जहाँ दूध इसको पिलाया गया
पढ़े पण्डितों ने कई मन्त्र ऐसे
ये कमबख़्त[2] फिर से जिलाया गया
शिवाले से निकला ये फुंकारता
रगे-अर्ज़[3] पर डंक-सा मारता
बढ़ा मैं कि इक बार फिर सर कुचल दूँ
उसे भारी क़दमों से अपने मसल दूँ

---

1. और, 2. अभागा, 3. धरती के शिराएँ।

क़रीब एक वीरान मस्जिद, मस्जिद में वो जा छुपा
जहाँ उसको पिट्रौल से ग़ुस्ल[4] देकेर
हसी एक तावीज़ गर्दन में डाला गया
हुआ जितना सदियों में इन्साँ बलन्द
ये कुछ उससे ऊँचा उछाला गया

उछल के गिरजा की देहलीज़[5] पर जा गिरा
जहाँ उसको सोने की केंचुल पहनायी गयी
सलीब एक चाँदी की सीने प इसके सजायी गयी
दिया जिसने दुनिया को पैग़ामे-अम्न[6]
उसी के हयात-आफ़री[7] नाम पर
इसे जंगबाज़ी[8] सिखायी गयी

बमों का गुलूबन्द[9] गर्दन में डाला गया
और उस धज[10] से मैदान में ये निकाला गया

पड़ा उसका धरती प साया
तो धरती की रफ्तार रुकने लगी
अँधेरा-अँधेरा ज़मीं से फ़लक[11] तक अँधेरा
जबीं[12] चाँद तारों की झुकने लगी

---

4. स्नान, 5. चौखट, 6. शान्ति सन्देश, 7. जीवनदायक, 8. युद्ध की कला, 9. गले का आभूषण, 10. सज्जा, 11. आकाश, 12. ललाट।

हुई जब से साइंस ज़र[13] की मुतीअ[14]
जो था इल्म[15] का एतबार उठ गया
और उस साँप को ज़िन्दगी मिल गयी
उसे मैंने 'ज़हाक'[16] के भारी काँधे प देखा था इक दिन
ये हिन्दू नहीं हैं मुसलमाँ नहीं
ये दोनों के मग्ज़[17] और ख़ूँ चाटता है
बने जब ये हिन्दू मुसलमान इन्साँ
उसी दिन ये कमबख़्त मर जाएगा

---

13. पूँजी, 14. आश्रित, 15. विधा, 16. मस्तिष्क का गूदा।

शान्ति-बन के क़रीब

वो वतन की आबरू कल शान्ति-बन के क़रीब
यूँ ज़मीं पर सो रही थी जैसे मुफ़लिस[1] का नसीब[2]
आँखें वा[3] थीं, दीदे गर्दिश[4] में थे साकित[5] थी ज़बाँ
और नाज़ुक जिस्म में पेवस्त[6] लाखों सूइयाँ
ग़ौर से देखा तो दिल को और हैरानी हुई
सूइयाँ सारी थीं मेरी जानी पहचानी हुई
सूइयाँ हिन्दू भी थीं, मुस्लिम भी थीं कुछ सिख भी थीं
और था उनके शिकंजे[7] में वो जिस्मे-नाज़नीं[8]
कुछ थीं ऊँची ज़ात की जो इस लिए थीं सुर्ख़रू
बेतकल्लुफ़ पीती थीं वो नीची ज़ाति का लहू
एक इक सूई के लब पर उसके सूबे[9] का था नाम
चाहती थीं सब अलग भारत से अपनी सुबहो-शाम
मैंने डरते-डरते आख़िर कर लिया उससे सवाल
क्या हुआ, कैसे हुआ, किसने किया ये तेरा हाल
बोली वो अपनों ही के हाथों हुई ये मेरी गत
मैंने पूछा नाम तो उसने कहा जमहूरियत[10]
सुन के उसका नाम इन आँखों में आँसू आ गये
बोली वो तुम तो ज़रा सी-बात से घबरा गये
उसका रोना क्या मैं पहले क्या थी और क्या हूँ अभी
सूइयाँ चुन लो तो देखोगे कि ज़िन्दा हूँ अभी

---

1. निर्धन, 2. भाग्य, 3. खुली हुई, 4. दृष्टि चकरा रही थी, 5. स्तब्ध, 6. चुभी हुई, 7. पकड़, 8. सुकोमल शरीर, 9. प्रान्त, 10. गणतन्त्र।

नज़्रे-जाफ़री

(70वीं सालगिरह पर)

रहे जो रहता है बेज़ार[1] बाग़बाँ[2] तुझसे
बहार तुझसे, सबा तुझसे, गुलिस्ताँ तुझसे
सुकूते-ग़म[3] को मिली जुर्रते-बयाँ[4] तुझसे
कलाम तुझसे, सुख़न[5] तुझसे, दास्ताँ[6] तुझसे
हर-एक सफ़्हा-ए-क़िरतास[7] गुलिस्ताँ तुझसे
हर एक बुलबुले-तस्वीर[8] नग़माख़ाँ[9] तुझसे
नजूम[10] तुझसे महो-महरो-कहकशाँ[11] तुझसे
हुई ज़मीने-सुख़न[12] रश्के-आसमाँ[13] तुझसे
बहुत सुबुक[14] थी तराज़ूए-शेर[15] तुझसे
खुशा[16] कि आज है पल्ला बहुत गराँ[17] तुझसे[18]
फ़ज़ा-ए-तीरा[19] में जुगनू तेरे तरानों के
हर एक क़तरा-ए-शबनम शरर-फ़शाँ[20] तुझसे

---

1. विरक्त, 2. माली, 3. दुख की शान्ति, 4. कहने का साहस, 5. कविता, 6. कथा, 7. कागज का पन्ना, 8. बुलबुल का चित्र, 9. संगीतज्ञ, 10. नक्षत्र, 11. चन्द्र व सूर्य व आकाश गंगा, 12. कविता भूमि, 13. जिस पर आकाश ईर्ष्या करे, 14. सुबुक, 15. कविता की तुला, 16. मुबारक बाद, 17. भारी, 18. यह शेर मीर 'अनीस' के इस शेर पर आधारित है :

सुबुक हो चली थी तराजू-ए-शेर,
मगर हमने पल्ला गराँ कर दिया।

19. अँधेरा वातावरण, 20. आग उगलता हवा।

फ़ज़ा[21] में तूने बिखेरे हैं इंक्लाब के गीत
दयारे-गाँधी[22] में लेनिन की 'दास्ताँ तुझसे
हर-एक क़तर-ए-शबनम शरर-फ़शाँ तुझसे
तेरा क़लम कभी बरसा न दश्तो-सहरा[23] में
हरी-भरी इस दहक़ाँ[24] की खेतियाँ तुझसे
रुमूज़ हिकमते-इक़बाल[25] तूने समझाए
हुआ है इश्क़ का सिर्रे-निहाँ[26] अयाँ[27] तुझसे
तुझे चमन में कहीं आशियाँ[28] मिले न मिले
चली रवायते-तामीरे-आशियाँ[29] तुझसे
गुलाम हो वा या स्वतन्त्र भारत हो,
ख़फ़ा-ख़फ़ा रहे दोनों के हुक्मराँ[30] तुझसे।
वो आज ढूँढते फिरते हैं तेरे नक़्शे-क़दम,[31]
गुज़र रहे थे जो कल तक कशाँ-कशाँ[32] तुझसे।
बस इस दुआ प ग़ज़ल ये तमाम होती है,
यूँ ही सजी रहे ये बज़्मे-दोस्ताँ तुझसे।
क़रीब इतना हूँ तुझसे कि कहना मुश्किल है,
मैं ज़िन्दगी में मिला हूँ कहाँ-कहाँ तुझसे।

---

21. वातावरण, 22. गाँधी के देश, 23. मैदान और जंग, 24. किसान, इक़बाल के ज्ञान का रहस्य, 26. आन्तरिक रहस्य, 27. स्पष्ट, 28. घोसला, घर, 29. घोसला बनाने का परम्परा, 30. शासक, 31. पद चिन्ह, 32. खिंचे-खिंचे।

पुरसुकून[1] समन्दर

ऐ थके हारे समन्दर तू मचलता क्यों नहीं
तू उछलता क्यों नहीं।
साहिलों[2] को तोड़ के बाहर निकलता क्यों नहीं
तू मचलता क्यों नहीं
तू उछलता क्यों नहीं।
तेरे साहिल पर सितम की बस्तियाँ आबाद हैं
शहर के मेमार[3] सारे ख़ानमाँ-बरबाद[4] हैं
ऐसी काली बस्तियों को तू निगलता क्यों नहीं
तू उछलता क्यों नहीं
तू मचलता क्यों नहीं।
तुझ में लहरें हैं न मौजें हैं न शोर
ज़ुल्म से बेज़ार दुनिया देखती है तेरी ओर
तू उबलता क्यों नहीं
तू उछलता क्यों नहीं
तू मचलता क्यों नहीं।
ऐ थके हारे समन्दर तू मचलता क्यों नहीं
तू उछलता क्यों नहीं।

---

1. शान्त, 2, तटों, 3. घर बनाने वाले, 4. जिनका घर बरबाद हो।

चैलेंज

यारो! सितम[1] अब न सहो
खोलो ज़बाँ चुप न रहो
फ़िरकापरस्तों[2] से कहो

करते रहो मश्क़े-सितम[3]
हमने भी खायी है क़सम
या तुम नहीं या हम नहीं

पत्थर से सर टकरायें क्या
दर पर तुम्हारे आयें क्या
रूदादे-ग़म[4] दोहरायें क्या

कहते हैं जलते-अश्क़े-ग़म[5]
या तुम नहीं या हम नहीं

माना फ़ुजूँ[6] है हौसला
ये जंग का है मरहला[7]
आसाँ नहीं है फैसला

इतना तो होगा कम-से-कम
या तुम नहीं या हम नहीं

---

1. अत्याचार, 2. साम्प्रदायिकों, 3. अत्याचार की पुर्नवृत्ति, 4. दुख को कथा, 5. दुख के आँसू, 6. अधिक, 7. परिस्तिथी।

रुत अश्कबारी[8] की गयी
अब शोलाबारी[9] जानिये
हर हमला[10] भारी जानिये
हर ज़र्ब[11] कारी जानिये

सर हो कि हो तलवार ख़म[12]
या तुम नहीं या हम नहीं

हो तुम हिसार[13] अन्दर हिसार
और अपनी सफ़[14] में इंतेशार[15]
इक दिल-लगी है जीत-हार

हम को भी होने दो बहम[16]
फिर तुम नहीं या हम नहीं।

---

8. अश्रुबहाना, 9. आग उगलना, 10. आक्रमण, 11. प्रहार, 12. झुकना, 13. घेरा बन्दी, दीवार, 14. पंक्ति, 15. बिखराव, 16. एक।

गुमशुदा शहर

साथियो! वक़्त को महमेज़ करो!
कारे-परवेज़ करो!
तीशा-ए-नौ तेज़ करो
और ज़रा तेज़ करो
गुमशुदा शहर के आसार नजऱर आने लगे
कुछ शिकस्ता दरो-दीवार नज़र आने लगे
जिनके सन्नाटे में शाहों की गरज़ लरजाँ है
गूँगे-गूँगे से वो दरबार नज़र आने लगे
वो जो मेहराबों में लिख रखे थे अशार नज़र आने लगे
हुज़ूरे-शाह में अहले-सुखन की आज़माइश है

टूटे फूटे हुए निकले हैं ज़मीं से जो ज़ुरुफ़
कहते हैं क़ाफ़ला इक दिन कोई आया था यहाँ
अब जहाँ रेत के टीले से नज़र आते हैं
कुछ जिगर दारों ने इक शहर बसाया था यहाँ
उसमें 'फ़िरऔन' भी दो चार थे 'मूसा' भी कई
हर्फ़े-हक़ कहते थे कुछ करते थे तो ये भी कई
मिल के सब रहते थे और तन्हा भी कई
और सूली प चढ़ाये गये 'ईसा' भी कई
जहाँ हक़ है वहाँ दारो-रसन की आज़माइश है

देवता हस्बे-तलब सब ने बना रखे थे
सर हुज़ूर उनके अक़ीदे से झुका रखे थे

---

1. खोया हुवा, 2. टहोके देना, 3. परवेज का काम, 4. नवीनता का फावड़ा, 5. चिन्ह, 6. टूटे-फूटे, 7. काँपती, 8. राजा के समक्ष, 9. कवि, 10. परीक्षा, 11. बरतन, 12. साहसी, 14. आवश्यकता अनुसार।

अपने ताक़ों पर खुदा अपने सजा रखे थे
खुद खुले सर थे उन्हें ताज पिन्हा रखे थे
जो खुदा उनके लिए ढूँढ़ के लाता था शिकार
गढ़ दिया करता था पत्थर के नुकीले हथियार
जो खुदा उनके लिए रखता था मौसम हमवार
जो खुद उनके लिए बर्फ़ को पिघलाता था
जो खुदा लेके उन्हें ग़ार में छुप जाता था
बस गया शहूर तो मेमार है शह्र से दूर
कि किसी मुल्क को दरकार थे सस्ते मज़दूर
हाकिमे-शहूर को ये बात है अब तक मशहूर
जो भले शेहरी है कर लेते हैं बिकना मंज़ूर
तमद्दुन उन गुलामों के फ़न की आज़माइश है

रूह उन शह्रों के अंजाम से घबराती है
भूकी मख़लूक़ तो यादों से बहल जाती है
खुद बहल जाती है और भूक को बहलाती है
हो ज़मीं भूकी तो शहरों को निगल जाती है
अभी महरूमी-ए-कामों-दहन की आज़माइश है।

---

15. खोह, 16. आवश्यकता, 17. संस्कृति, 18. दासी, 19. जनता, 20. होंठ और मुँहका वंचित होने।

ग़ज़ल

की है कोई हसीन ख़ता हर ख़ता के साथ
थोड़ा-सा प्यार भी मुझे दे दो सज़ा के साथ
गर डूबना ही अपना मुक़द्दर है तो सुनो
डूबेंगे हम ज़रूर मगर नाख़ुदा[1] के साथ
मंज़िल से वो भी दूर था और हम भी दूर थे
हमने भी धूल उड़ायी बहुत रहनुमा[2] के साथ
रक़्से-सबा[3] के जश्न[4] में हम तुम भी नाचते
ऐ काश तुम भी आ गये होते सबा के साथ
ऐसा लगा ग़रीबी की रेखा से हूँ बलन्द[5]
पूछा किसी ने हाल कुछ ऐसी अदा के साथ।

---

1. खेवनहार, माँझी, 2. मार्ग दर्शक, 3. पुरवाई का नृत्य, 4. उत्सव, 5. ऊँचा।